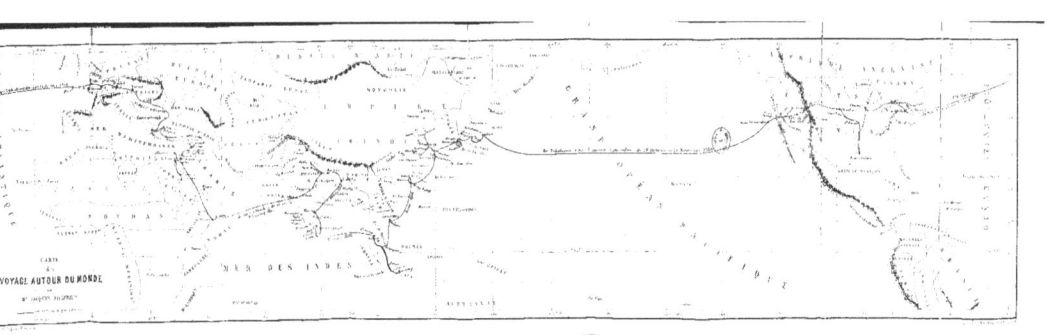

CARTE
du
VOYAGE AUTOUR DU MONDE

CAMPO 1972

SEIZE MOIS

AUTOUR DU MONDE

1867-1869

ET PARTICULIÈREMENT AUX INDES
EN CHINE ET AU JAPON

Ouvrage accompagné d'une Carte

PAR

JACQUES SIEGFRIED

DEUXIÈME ÉDITION

PARIS

J. HETZEL, LIBRAIRE-ÉDITEUR

18, RUE JACOB, 18

SEIZE MOIS

AUTOUR DU MONDE

1867-1869

IMPRIMERIE J. CLAYE
RUE SAINT-BENOIT 7

LABOR

PARIS

SEIZE MOIS

AUTOUR DU MONDE

1867-1869

ET PARTICULIÈREMENT AUX INDES
EN CHINE ET AU JAPON

Ouvrage accompagné d'une Carte

PAR

JACQUES SIEGFRIED

DEUXIÈME ÉDITION

PARIS

J. HETZEL, LIBRAIRE-ÉDITEUR

18, RUE JACOB, 18

—

M DCCC LXIX

A MON FRÈRE JULES.

Mon cher ami,

La vapeur et l'électricité ont amené dans le monde des changements beaucoup plus considérables que nous ne semblons nous en douter en France. L'Inde et la Chine, l'Australie et le Japon, qu'autrefois l'Europe ne faisait qu'entrevoir comme au travers d'un brouillard, se rapprochent chaque jour de nous et offrent à notre esprit d'entreprise un champ qui ne cesse de s'élargir.

Les Anglais, en première ligne, et à leur suite les Allemands, les Suisses et les Américains, ont compris tout le parti que l'on pouvait tirer de ce nouvel état de choses et l'on voit une portion toujours plus nombreuse de leur jeunesse s'embarquer régulièrement pour ces pays étrangers et en rapporter non-seulement la fortune, mais encore l'expérience et la largeur d'idées que donnent les voyages.

En France, au contraire, nous en sommes encore à nos

anciennes idées : nos écoles nous enseignent le grec et le
latin, excellents certainement pour un petit nombre, mais
dont la grande masse d'entre nous n'a que faire plus tard ;
nous sommes assez forts sur la mythologie grecque et nous
connaissons les noms des provinces qui formaient l'empire
d'Alexandre, mais nous savons à peine l'histoire contemporaine et nous sommes très-ignorants en fait de géographie moderne. Enfin, faute de savoir les langues vivantes,
et tout particulièrement la langue universelle des pays
d'outre-mer, l'anglais, faute de savoir ce qui se passe dans
les contrées lointaines, nos jeunes gens sont réduits à chercher tous leur carrière dans notre propre pays.

De là résultent plusieurs conséquences très-importantes.
La première, c'est la concurrence qui se fait chez nous pour
les places de l'administration, au détriment du développement de nos forces vives. Être inspecteur des douanes ou
directeur de l'enregistrement, avoir dans le gouvernement
ce que l'on appelle une position stable, suffisante pour équi-
librer le budget de ses dépenses annuelles, en vivant, bien
entendu, de privations, c'est là le *nec plus ultra* de l'am-
bition que la majorité des pères ont pour leurs fils. Et cela
fait que, loin de pouvoir diminuer, comme le demanderait
un progrès éclairé, le nombre déjà exorbitant de nos fonctionnaires, le gouvernement serait amené à en créer sans
cesse de nouveaux s'il voulait satisfaire à toutes les exigences. En second lieu, pendant qu'en Angleterre et en
Allemagne les libéraux exagérés sont conduits tout naturellement à chercher dans les pays lointains l'indépendance
nécessaire à leur bonheur, en France, au contraire, nous

gardons au milieu de nous tous les mécontents, et, à force
de comprimer leurs aspirations, nous finissons fatalement
par en faire des révolutionnaires. Enfin, à défaut de pouvoir offrir assez de place, sur notre propre sol, à de nombreux enfants, nous sommes arrivés à ce résultat que tu as
dû remarquer en consultant nos statistiques, c'est que, notre
bonne Alsace exceptée, nos familles comptent rarement plus
de deux enfants, tandis que chez les Anglais et chez les
Allemands elles sont trois fois plus nombreuses et répandent
de plus en plus l'influence de leurs pays dans toutes les
parties du monde.

Tu sais, mon cher ami, combien j'aime ma patrie, et tu
prendras donc la critique que je viens de me permettre,
non pas comme des récriminations faites à plaisir, mais
comme les convictions d'un patriote qui trouve que le mieux
à faire est de dire la vérité. En lisant les notes de voyage
que je t'adressais régulièrement, tu as cru que les considérations que je joignais de temps en temps au simple récit
de mes allées et venues pourraient rendre quelques service à nos jeunes gens, et tu m'as engagé à les publier. Je
ne demande pas mieux, bien que je ne me fasse pas illu-
sion sur leur valeur littéraire ; mais j'espère que mes lecteurs, me considérant un peu comme un ami avec lequel il
n'est pas besoin de faire de cérémonies, se rappelleront
que le seul mérite de mon journal consiste dans la sincérité de mes impressions. Ceux qui préféreront la partie
descriptive devront se contenter de parcourir la première
moitié de mon livre ; ceux, au contraire, qui désireront
consulter des documents plus approfondis me feront plaisir

en lisant mes rapports au ministre du commerce, que j'ai placés à la suite.

Quant à toi, mon cher ami, qui, avant même mon départ, avais su donner un corps à mes convictions actuelles en ayant l'idée première et l'initiative de l'école de commerce de Mulhouse, destinée à mettre nos jeunes compatriotes à même d'aller à l'étranger, tu me permettras bien de mettre ton nom en tête du petit livre que je recommande aujourd'hui à la bienveillance de tous.

Mulhouse, le 26 janvier 1869.

SEIZE MOIS
AUTOUR DU MONDE

CHAPITRE Iᴱᴿ.

CONSTANTINOPLE ET LE BOSPHORE.
ATHÈNES ET L'ACROPOLE. — SMYRNE ET ÉPHÈSE.
RHODES.

. . . .
. . . .

4 octobre 1867.

Il est neuf heures du matin, le temps est superbe, le ciel est pur comme je ne l'ai vu encore
qu'à Naples ou dans le golfe du Mexique; nous
quittons la mer Noire et nous entrons dans le Bosphore. Je sens mon cœur battre, il y a si longtemps que je désire voir Constantinople, et je
m'attends à quelque chose de si beau que je crains
d'éprouver au moment suprême quelque désillu-
sion.

Mais non! nous avançons et je reste sous le

charme. Imaginez un détroit qui, sur une largeur
de cinq cents mètres dans les passages les plus
resserrés et de deux kilomètres dans les endroits
les plus éloignés, traverse une double rangée de
collines, couvertes, sur un parcours de six à sept
lieues, de villages et de villes, de palais et de
mosquées aussi bien que de jolies maisons de campagne ou de simples cabanes de pêcheurs, tout
cela étincelant des plus chaudes teintes de l'Orient!
Ici, sur la côte d'Europe, ce sont Buyuk-Déré et
Thérapia, le séjour d'été de l'ambassadeur de
France; là, sur la rive asiatique, c'est Bey-Koz,
ce sont les Eaux-Douces d'Asie, et cent autres endroits délicieusement situés. Tantôt ce sont des
villas placées à mi-côte, partout les maisons se
touchent le long de ces bords enchantés. Et quand,
après avoir passé le grand palais impérial de la
Dolma-Bagtché, le navire jette l'ancre au milieu de
ce port naturel, le plus facile et le plus beau qui
soit au monde, l'œil charmé ne sait où s'arrêter,
des collines de Scutari à main gauche, de Péra à
droite ou de Constantinople même qui déroule,
en face, son amphithéâtre immense de maisons
de toutes couleurs, dominées çà et là par les mosquées si imposantes avec leurs vastes coupoles, et
si gracieuses avec leurs minarets élancés.

Hélas! on est bientôt rappelé sur la terre; il

faut passer la visite de la douane, il faut surtout,
après avoir chargé sa malle sur le dos d'un portefaix, pénétrer dans des rues étroites, escarpées,
affreusement pavées. Tout a été dit sur les odeurs
de Constantinople, sur ses chiens errants et ga-
leux, sur l'aspect repoussant de ses boutiques, sur
l'état de délabrement de ses maisons presque
toutes en bois, enfin sur la misère de son peuple :
eh bien ! il faut encore renchérir là-dessus, car si
l'on est séduit d'abord, et certes bien vivement,
par l'originalité, par la couleur locale de ce qu'on
y voit, le sentiment qui domine ne tarde malheureusement pas à être la pitié. Il faut voir Constantinople de son Bosphore, et alors l'esprit s'élève ;
il ne faut pas pénétrer dans la ville, car le cœur
y fait mal.

5 octobre.

Les villes mahométanes ont toutes un quartier
à part pour le commerce et dans ce *bazar* chaque
corps de métier a son emplacement spécial ; ainsi
il y a celui des cordonniers, celui des parfumeurs,
comme ceux des orfévres, des armuriers, des
marchands de tissus, etc., etc. Les rues y sont
étroites, et elles sont abritées d'ordinaire par de
grandes toiles tendues d'une maison à l'autre.
Les boutiques y sont petites, si petites que souvent

le marchand, accroupi au centre, peut en atteindre
les coins rien qu'en étendant les bras; elles sont
élevées d'un mètre au-dessus du sol et sont tout
ouvertes sur la rue, de façon que l'acheteur n'y
entre pas et s'accoude sur le seuil.

Le type oriental de ces bazars n'a pas été conservé
entièrement à Constantinople : au lieu de toiles
bariolées tendues d'une maison à l'autre, on y voit
en beaucoup d'endroits des voûtes de brique ou de
pierre dont l'aspect sombre fait mauvais effet, car
il faut à l'Orient beaucoup de lumière et d'éclat.
Quelques magasins y ont en outre une arrière-boutique où l'on fait pénétrer les visiteurs et qui témoigne trop de l'influence européenne. Enfin, si l'œil
inexpérimenté s'y laisse séduire, au premier abord,
par des trophées de vieilles armes, par des fusils
incrustés, des lames damasquinées, des pistolets
à crosse d'argent rehaussée de pierreries, on est
désappointé quand on les regarde de bien près,
car on s'aperçoit que l'on est presque toujours
l'objet de quelque spéculation trompeuse. Seuls,
les draps et les velours brodés d'or, d'argent et de
soie aux mille couleurs, m'ont paru mériter toute
attention : on ne saurait imaginer de plus jolis
tapis de table.

En somme, et quelque curiosité que l'on
éprouve évidemment à voir ces petites boutiques,

à regarder surtout la foule bigarrée des acheteurs, depuis le Turc civilisé que l'on ne distingue de l'Européen que par son fez rouge, jusqu'à ces femmes mahométanes dont on ne voit que les yeux agrandis par la peinture et les pieds chaussés de babouches jaunes, je dois dire que le bazar de Constantinople m'a laissé froid. Combien je lui préfère celui de Tunis ! C'est là qu'on retrouve l'Orient que l'on a rêvé, ces ruelles étroites où l'on a peine à se frayer un passage au milieu d'hommes habillés de soies aux vives couleurs, de jeunes porteurs d'eau, l'épaule chargée d'une amphore à deux anses, d'ânes et de chameaux auxquels leurs conducteurs font faire place par le cri si original de : *Balek, balek,* prononcé à voix traînante. Constantinople est la ville moderne, Tunis rappelle les temps bibliques.

En sortant du bazar, nous avons fait une promenade à cheval dans les rues de Stamboul et autour de ses vieilles fortifications. Je me suis arrêté surtout à l'endroit où Mahomet II, franchissant après un combat terrible la triple muraille que défendait vaillamment Constantin Dracosès, mit fin à l'empire d'Orient, en 1453. Nous avons traversé successivement plusieurs quartiers de religions différentes : ici les musulmans avec leurs fenêtres grillées et leurs femmes voilées ; là les arméniens dont les épouses ne craignent pas, au contraire, de montrer leurs belles figures ; plus loin les juifs dont c'est aujourd'hui le sabbat et qui se reposent en habits de fête sur le seuil de leurs maisons.

J'ai terminé ma journée en allant sur le pont de la Validé-Sultane assister au coucher du soleil, et j'y suis resté longtemps, car on éprouve décidément plus de jouissances à voir les abords de Constantinople qu'à parcourir ses rues.

7 octobre.

J'ai commencé ma journée d'hier, dimanche, par une course à Scutari et sur le mont Boulgour-lou, et je n'oublierai jamais l'aspect que présentait le Bosphore. La brise du sud venait de se lever après une longue série de vents contraires, et de nombreux navires faisaient leur entrée toutes voiles déployées ; nous en avons compté plus de deux cents en une heure.

Dans l'après-midi nous sommes allés assister à la cérémonie des derviches-tourneurs : elle est trop connue pour que j'en parle ici autrement que pour constater la ferveur avec laquelle elle s'accomplit. Vers le soir enfin, nous avons fait un tour aux Eaux-Douces d'Europe, le lieu des promenades et des parties de plaisir des habitants de Constantinople, musulmans aussi bien que chrétiens.

Aujourd'hui nous avons consacré notre temps aux mosquées et tout d'abord à Sainte-Sophie, où, selon l'usage, nous sommes entrés les uns nu-pieds, les autres chaussés de sandales. L'extérieur de Sainte-Sophie n'a rien d'attrayant ; au contraire, les énormes contre-forts que l'on a été obligé d'ajouter successivement pour soutenir sa vaste coupole en ont rendu les abords très-disgracieux. Mais l'émotion que l'on éprouve au moment où l'on pénètre dans cette immense basilique ne saurait se rendre par des mots, c'est un élan spontané et irrésistible vers Dieu, et l'on a peine à ne pas s'agenouiller au milieu des musulmans, qui de toutes parts se prosternent jusqu'à terre. Lorsque du haut d'un des portiques intérieurs on voit, au-dessus de soi et bien haut encore, la coupole très-plate malgré son diamètre considérable, lorsqu'à ses pieds et bien bas on suit de l'œil les pratiques religieuses si humbles et si ferventes des disciples de Mahomet, frappant leur front contre les nattes jaunes qui recouvrent le sol de toutes les mosquées et leur donnent un aspect si particulier, lorsqu'enfin la pensée s'égare et que l'âme se recueille dans les profondeurs de ce temple immense, on est tenté de crier *Hosanna ! Hosanna !* et l'on comprend l'exclamation de Justinien, inaugurant Sainte-Sophie en 548 et s'écriant : « Gloire à Dieu qui m'a jugé digne d'accomplir cet ouvrage ; je t'ai vaincu, Salomon ! » Puis on se représente ce que devait être le temple au moment où Mahomet le Conquérant, pénétrant à cheval dans l'église où s'étaient réfugiés les prêtres, les femmes et les enfants, s'écria : « Il n'y a de Dieu que Dieu et Mahomet est son prophète », et donna ainsi le signal d'un horrible carnage.

Après Sainte-Sophie nous avons visité les mosquées d'Achmet et de Soliman le Magnifique, qui toutes deux sont fort belles, mais plus modernes et beaucoup moins remarquables, et nous avons terminé notre journée en parcourant un peu rapidement les antiquités de l'Hippodrome et la citerne aux mille et une colonnes.

8 octobre.

J'ai passé aujourd'hui la plus belle de mes journées de Constantinople et l'une de celles qui laisseront les plus beaux souvenirs dans ma vie. J'étais allé dîner et passer la nuit chez un banquier anglais qui demeure à Kandili, et ce matin de bonne heure j'assistais au lever du soleil, du haut des gradins de marbre d'un vieux palais abandonné par les sultans. Je dominais le Bosphore,

d'un côté jusqu'à Constantinople et de l'autre
jusqu'à Yeni-Keui et jusqu'au golfe de Bey-Koz.
Quelle vie sur ce Bosphore couvert de voiles, entouré de villas et de palais! quelle harmonie de
couleurs entre ces eaux bleues, ces maisons dorées
par le soleil levant, cette atmosphère si pure, si
lumineuse !

Puis j'ai pris le bateau à vapeur pour aller à
Thérapia, et j'ai passé une heure d'extase au haut
de l'esplanade du palais d'été de l'ambassade de
France; c'est une plate-forme ombragée par des
arbres centenaires et d'où la vue plane sur toute
la baie de Buyuk-Déré jusqu'à la mer Noire.

Il est de ces jours où la magnificence de la nature et le bonheur de vivre vous transportent et
vous enivrent; on se sent si léger que l'on touche
à peine terre et l'on ne connaît plus ni fatigue ni
obstacle. C'est ainsi que j'ai trouvé le temps de
galoper encore pendant plusieurs heures dans la
forêt de Belgrade si pittoresque, si bien dans le
goût du pays, et je ne suis rentré chez moi qu'à
dix heures du soir, par un plein clair de lune et
en traversant tout le Bosphore en petit caïque !

9 octobre.

Je quitte Constantinople après avoir été faire
une dernière promenade dans les jardins du Sé-

rail, ce promontoire féerique qui, terminant la ville de Stamboul, s'avance gracieusement dans la mer et formerait un éden s'il était confié à toute autre chose qu'à l'incurie des Turcs. L'impression qui se présente du reste le plus souvent à l'esprit, c'est le regret de voir ce beau pays habité par une nation pareille, et sur huit jours que l'on passe en Turquie, il faut, si j'ai un conseil à donner aux touristes, n'en distraire qu'un seul pour Constantinople et Sainte-Sophie, et consacrer entièrement les sept autres à cette merveille qu'on appelle le Bosphore!

11 octobre.

Je suis sur l'Acropole. Adossé à l'une des colonnes doriques du Parthénon, je promène mes regards sur les rochers arides que couvrait l'antique Athènes et je me recueille. Devant moi j'ai le port de Phalère et le détroit de Salamine; à mes pieds sont l'Aréopage, le Pnyx et la tribune de Démosthènes; derrière moi l'Hymette, le Pentélique et la ville moderne cachée à mes regards par l'Érechtéion, et cela fort heureusement, car j'ai besoin pour le moment de solitude et de dévastation. Que de souvenirs, que de grandeurs, que de progrès, de triomphes et de revers

dans ce petit monde que j'embrasse d'un coup
d'œil! Aussi, sous la double émotion des yeux qui
dévorent ces ruines gracieuses et de l'esprit qui ne
sait où fixer plus particulièrement ses souvenirs,
je reste un long moment comme anéanti. Enfin
et peu à peu tout cela se dégage, mais le soleil
couchant me surprend à rêver encore à la même
place, et il m'a fallu plusieurs heures pour écrire
les quelques lignes que j'achève.

12 octobre.

Je suis retourné ce matin à l'Acropole, et je ne
puis presque pas m'en arracher. Et cependant
c'est un bien petit plateau et la vue que l'on y découvre ne plane guère, sauf un bois d'oliviers
et un coin de mer bleue, que sur des rochers et
sur des collines arides couleur d'ocre rouge. Mais
ici se sont agitées longtemps les destinées du
monde, ici un peuple, petit par le nombre, immense par le génie, a su sentir le beau et créer
l'art.

Les heures s'écoulent et il faut que je parte ; je
me sauve comme un larron sans oser regarder
derrière moi, je cours au Pnyx, et je monte un
instant sur la tribune massive, si bien conservée,
où Démosthènes debout devant le peuple savait le

remuer, l'agiter, l'entraîner. Je ne vais voir ni
l'Athènes moderne, ni le palais du roi ; je m'enfuis
plein de mes souvenirs antiques et n'ayant qu'une
pensée, celle de me réjouir des moments où, rentré
à mon foyer, je pourrai relire toute l'histoire et
la comprendre, ce me semble, alors seulement.

15 octobre.

Nous sommes arrivés hier à Smyrne. C'est une
grande ville de cent mille habitants, joliment
située dans l'intérieur d'un golfe profond, mais
dont il ne faut cependant pas exagérer la beauté,
comme l'ont fait beaucoup de voyageurs. Ce qui
m'y plaît le plus, c'est la verdure, ce sont ses jardins de figuiers et d'orangers, ses habitations
confortables dont les vestibules, où l'on se tient
toujours, s'ouvrent sur des allées ombragées et
fraîches. J'en jouis surtout à Bournabat, au milieu
de l'aimable hospitalité du consul de France, le
comte de Bentivoglio.

Aujourd'hui nous avons parcouru les ruines
d'Éphèse. Ce fut, pendant la série des quelques
siècles qui précédèrent immédiatement l'avénement du christianisme, une des villes les plus renommées pour son luxe, sa richesse et sa magnificence. C'est là que se trouvait l'une des sept

merveilles du monde, le temple de Diane, brûlé la nuit même où Alexandre le Grand vint au monde, par le fou Érostrate, qui voulait transmettre ainsi son nom à la postérité. Le temple fut immédiatement rebâti, plus beau, plus riche qu'auparavant, et il brillait de toute sa splendeur lorsque saint Paul vint prêcher le christianisme à Éphèse et y fonder une Église.

L'apôtre ne réussit cependant pas sans difficultés; la Bible nous apprend qu'un des nombreux artisans employés à la conservation et à l'embellissement du temple réunit un jour ses concitoyens et leur dit : « Eh quoi ! vous savez tous que le culte de Diane a rendu notre cité célèbre entre toutes, qu'il lui assure sa prospérité et notre existence à tous, et vous permettriez que Paul nous apportât une religion qui ne reconnaît qu'une adoration spirituelle? » — Et le peuple réuni en foule dans le vaste amphithéâtre, dont les gradins semi-circulaires s'élevaient jusqu'au sommet d'une haute colline, poussa des cris tels, que saint Paul dut quitter la ville et s'éloigner pendant quelque temps.

Éphèse rappelle aussi la légende si répandue en Orient de la caverne des Sept-Dormeurs, et mille autres souvenirs qui donnent tant de vie à ces champs arides aujourd'hui et sous lesquels sont

2

encore enfouis la plupart des restes de cette splendeur passée. Il faudrait des fouilles intelligentes
et de grands travaux pour remettre tout cela au
jour et en faire quelque chose de saisissant pour
les yeux comme cela ne l'est encore aujourd'hui
que pour l'intelligence. Une société anglaise a
obtenu du gouvernement turc un firman à ce sujet, et elle travaille activement depuis quelques
mois ; elle a trouvé des choses très-curieuses, mais
elle a malheureusement l'autorisation de les envoyer à Londres. C'est ainsi qu'après avoir dé-
couvert le tombeau de saint Luc, bien dûment
constaté par une inscription grecque, elle a envoyé cette inscription en Angleterre, et n'a laissé
en place que quelques piliers portant la croix
grecque et le bœuf, emblème de l'apôtre. Quel
vandalisme !

L'ancien port d'Éphèse est aujourd'hui complétement ensablé, et sa place n'est marquée que par
des joncs marins ; l'emplacement du temple de
Diane est encore l'objet de nombreuses discussions ; de cette ville de magnificences il ne reste
que quelques fondements colossaux, quelques statues enfouies et un sol jonché de colonnes de granit de douze et quinze pieds de circonférence ; il
semblerait que ces ruines ne sont là que pour vous
dire : *Sic transit gloria mundi.*

Nous sommes rentrés à Smyrne en chemin de fer; car, contraste bien remarquable, à la porte de l'Éphèse passée, la civilisation nouvelle vient témoigner de sa vitalité par une de ses conceptions les plus fécondes.

21 octobre.

Nous arriverons ce soir à Tripoli après la meilleure des traversées à bord du *Menzaleh*. Le service dès Messageries impériales fait de nombreuses escales à Rhodes, à Mersina, Alexandrette et Lattaquié; c'est là ce qui a augmenté à tel point la durée de notre voyage. Je n'ai du reste pas à m'en plaindre; car j'ai eu les compagnons de voyage les plus agréables. L'un d'eux, un Anglais, a parcouru en gentleman toutes les îles de l'Océanie et particulièrement Fidgi, où il a passé plusieurs mois; c'est M. Ware Scott, dont l'originalité anglaise donne un attrait de plus à des récits déjà si intéressants par eux-mêmes. L'autre, M. Mauss, est chargé, par le gouvernement français, des réparations de l'église du Saint-Sépulcre à Jérusalem, dont la coupole menaçait ruine et eût certainement causé quelque grand malheur en attendant que les Latins, les Grecs et les Arméniens fussent arrivés à se mettre d'accord, si les gouvernements

français et russe n'avaient pris la chose en main
et fini par imposer purement et simplement l'autorité de leur force. M. Mauss habite Jérusalem
depuis quelques années; il a parcouru toute la
Syrie et a fait partie d'une des expéditions de M. de
Saulcy, au delà de la mer Morte. Un troisième de
nos passagers est Turc, parent rapproché de Fuad-
Pacha, et, comme il parle le français, il nous
donne les détails les plus intéressants sur son pays
et sur sa religion. Les musulmans sont, en somme,
des déistes, croyant au Dieu un et éternel, rejetant l'idée du Fils et de la Rédemption, honorant
Jésus, mais seulement comme un prophète. Du
reste, Mahomet, qui vivait au commencement du
VIIe siècle, avait été à Jérusalem, et son islamisme
est un mélange des doctrines juive et chrétienne
et des traditions orientales. Le Koran donne de
magnifiques commandements, aussi bien politiques que religieux; son plus grand défaut est,
je crois, l'état d'infériorité dans lequel il place la
femme, dans la reclusion et l'ignorance extrêmes
auxquelles il la condamne, et qui rejaillissent certainement sur ses enfants. Quant à la fâcheuse
croyance au fatalisme, elle n'est nullement encou-
ragée par Mahomet, et elle est due moins aux enseignements du Koran qu'à d'anciennes convictions
profondément enracinées chez les Turcs.

Au milieu des discussions auxquelles don-
naient lieu, à bord, toutes ces questions intéressantes, notre temps s'écoulait si agréablement que
nous descendions à peine à terre lors de nos
escales dans les tristes villages de Mersina, Alexandrette et Lattaquié. Mais nous avons tous été
visiter pieusement Rhodes et sa rue des Chevaliers, si caractéristique et qui rappelle si bien
l'ordre de Saint-Jean de Jérusalem. C'est une rue
en pente, bordée, de chaque côté, de maisons
sombres et massives, à portes basses, surmontées
de grands écussons taillés dans la pierre ou dans
des plaques de marbre, et l'imagination n'a pas
grand travail à faire pour se représenter les chevaliers sortant pesamment armés et se rendant sur
les murs pour repousser les assauts des musulmans. C'étaient de vaillants cœurs ceux qui, au
nombre de quatre mille cinq cents soldats et six
cents chevaliers, soutinrent pendant cinq mois les
efforts de cent mille hommes commandés par
Soliman le Magnifique, et, après en avoir tué
quinze ou vingt mille, obtinrent, à bout de ressources, la plus honorable des capitulations. Le
1er janvier 1523, Villiers de l'Ile-Adam quitta la
ville à la tête des débris de cet ordre qui, pendant
deux siècles, avait fait de Rhodes le boulevard de
la chrétienté en Orient, et qui, sept ans plus tard,

fut installé par Charles-Quint dans l'île de Malte.
Tous ces souvenirs joints à l'aspect verdoyant de
l'île de Rhodes, qui fait plaisir après l'aridité de
l'Archipel, et la charmante réception que nous a
faite M. Salzmann, chargé par le gouvernement
français de recherches archéologiques, tout cela
nous rappellera souvent la bonne journée que nous
y avons passée.

CHAPITRE II.

LA SYRIE. — BEYROUTH. — BAALBEC. — DAMAS. — BANIAS.
LA MER DE TIBÉRIADE. — NAZARETH. — NAPLOUSE.

24 octobre.

J'espérais pouvoir débarquer à Tripoli et me rendre aux ruines de Baalbec en traversant la partie du Liban où se trouvent les cèdres; j'ai dû y renoncer à mon grand regret, Tripoli ne présentant jusqu'ici aucune des ressources nécessaires au voyageur qui désire former une petite caravane; on n'y trouve ni drogman, ni cuisinier, ni tentes, ni selles européennes, et c'est donc de Beyrouth que partent tous les touristes. Or, aller de Beyrouth aux cèdres est un détour de trois jours, et mon temps est malheureusement compté par les départs des bateaux à vapeur; je le regrette, car, s'il ne reste qu'une douzaine de ces arbres réellement séculaires, il n'en est pas moins intéressant de visiter ces vieux monuments naturels,

contemporains du déluge, et dont les plus impo-
sants mesurent jusqu'à 13 mètres de circonférence.

Je me suis donc arrêté à Beyrouth, où le comte
de Perthuis a bien voulu me dresser un contrat,
en toutes règles et par-devant le consulat de
France, avec un Arabe qui s'est engagé à me fournir, pendant les vingt jours que doit durer notre
voyage, tout le confortable que comporte un campement, le tout au plus juste prix, et surtout au
milieu d'une avalanche de protestations de désin-
téressement : ces Arabes semblent être le peuple
le plus bavard de la terre ! Et voilà comment il se
fait que, ce soir, j'écris mon journal accroupi sur
un tapis de Perse, au centre d'une tente très-con-
venable que nous venons de planter dans les environs de Zahleh. J'entends, à quelques pas de moi,
mon drogman Achmet causer dans une seconde
tente avec mon cuisinier et nos moukres (mule-
tiers), ou plutôt je les entends parler tous à la fois ;
enfin autour de nous sont nos chevaux et nos mu-
lets qui se reposent d'une marche de dix heures
et me convient par leur tranquillité à suivre leur
exemple.

Je ne tarderai pas à le faire, mais je veux noter
d'abord la réception intéressante que nous venons
d'avoir chez un chef maronite, avec lequel nous

avions cheminé pendant une partie de l'après-midi. Je m'étais senti attiré vers lui en voyant accourir à sa rencontre un jeune cavalier de belle figure qui, mettant pied à terre en un clin d'œil, s'empara de sa main et l'embrassa avec les plus sincères démonstrations de joie. C'était, après une séparation de quinze jours, la rencontre d'un père et d'un fils, et certes elle ne laissait pas que d'être touchante. Je priai aussitôt Achmet de féliciter le chef sur le beau cavalier qu'il avait pour fils, et je ne tardai pas à voir que j'avais touché la corde sensible. J'en ai fait six comme cela, me fut-il répondu avec un mélange de satisfaction et de joie. Et, signe caractéristique, c'est du même ton qu'Achmet, lui aussi, quand je lui demandais ce matin si sa famille était nombreuse, m'avait dit : J'ai fait dix enfants! Et comme je m'informais s'ils avaient tous la même mère, sa réponse fut que, bien que la polygamie fût permise par le Koran, les mauvais sujets seuls et les grands de la terre prenaient plus d'une femme !

Nous en arrivâmes à être forcés de nous détourner de notre chemin pour aller voir la maison du chef maronite. Il nous reçut dans la vaste salle que tout le monde connaît par ouï-dire et dont les seuls meubles sont des tapis de Perse et des divans le long des murs. On ne nous fit grâce de rien :

raki, narguilé, café, souhaits de prospérité pour
la France, que les Arabes préfèrent, me dit Achmet,
à toutes les autres nations, à cause de sa générosité, de son caractère ouvert et cordial. Ce qui
m'intéressa le plus, ce fut le moment où l'on me
présenta toute la famille, fils et filles, gendres et
belles-filles, car chez les maronites les femmes ne
sont pas séquestrées comme chez les musulmans.
Elles divisent leurs cheveux en un grand nombre
de fines tresses, au bout desquelles pendent des
pièces de monnaie d'or ou d'argent; leurs robes
sont ouvertes jusqu'à la ceinture et ne couvrent
nullement leurs seins. Chacune vint à son tour
me faire le salut arabe, et j'eus tout le temps d'admirer leurs belles figures orientales; je fis bien,
paraît-il, car, en sortant, Achmet m'assura que
dans toute la Syrie, et sauf peut-être à Nazareth,
il était impossible de trouver des types plus
beaux.

Je ne savais que faire pour témoigner quelque
chose à mon hôte, lorsque heureusement l'idée
me vint de lui donner mon portrait; là encore
j'eus le plaisir de toucher juste, tant il est vrai
que, quelles que soient les différences dans leur
éducation, les hommes s'entendent d'ordinaire
facilement quand, au lieu de mettre leur esprit
en jeu, ils puisent simplement dans leur cœur.

25 octobre.

Nous venons de dresser notre tente au milieu des ruines de Baalbec, où elle fait absolument le même effet qu'une coquille de noix perdue dans l'Océan. Ce qui frappe le plus, en effet, dans les débris de la ville du Soleil, c'est leur immensité : à l'Acropole d'Athènes on est sous le charme des formes exquises de l'art que l'on rencontre pour ainsi dire dans chacun de ses blocs du marbre le plus pur ; ici, on n'a devant soi que de la pierre assez grossière, mais dans des proportions tellement colossales, que l'on a peine à arriver à s'en rendre compte. Dans un récit de voyage, je n'aime guère à lire des mesures de longueur ou de hauteur, il me semble cependant nécessaire de faire aujourd'hui exception et de dire, par exemple, que dans la muraille qui sert de base au Temple de Baal, on voit des blocs de pierre qui mesurent jusqu'à 20 mètres de long sur 4 ou 5 de haut, et doivent peser, d'après les calculs de M. de Saulcy, près de 1 million et demi de kilogrammes. Quels moyens les anciens mettaient-ils en œuvre pour construire ainsi ? Nous n'en savons rien et ne pouvons que rester stupéfaits !

L'ensemble de l'édifice est facile à comprendre

et à décrire : c'était une Acropole comme celle
d'Athènes, mais les Grecs n'avaient eu qu'à nive-
ler le sommet d'une colline, tandis que les adora-
teurs de Baal, établissant leur temple dans une
plaine, avaient dû en élever eux-mêmes l'immense
piédestal. On y montait par un escalier gigantesque
et l'on pénétrait au travers d'un portique dans
une cour hexagonale, encadrée par des constructions symétriques et servant d'introduction à un
immense rectangle dominé au fond par le Temple
du Soleil, auquel on arrivait en montant encore
une douzaine de gradins. Ce temple des temples
devait être une merveille, à en juger par les six
de ses colonnes qui sont restées debout, couron-
nées d'un riche entablement. C'est là que, dominant d'au moins 120 pieds la plaine de Bekaa, autrefois fertile et riante, aujourd'hui couverte de
pierres et en grande partie stérile, je viens de
passer plusieurs heures à recomposer dans mon
imagination ce que devait être la vie humaine il
y a 3 ou 4,000 ans.

26 octobre.

Les jours se suivent et ne se ressemblent pas :
nous venons de passer huit heures à cheval, lut-
tant d'aussi bon cœur que possible contre un vent

très-froid et contre une pluie battante. Je dois du reste m'attendre à quelques ondées, car nous sommes dans ce qu'on appelle ici la saison des pluies.

Rien d'intéressant à signaler dans ma journée, si ce n'est qu'au lieu d'habiter ma tente, je couche cette nuit à Zebdani dans une maison musulmane où l'on nous a bien accueillis.

28 octobre.

Le temps s'est heureusement remis au beau hier matin et nous avons pu nous mettre en route dès le point du jour. Nous avions à faire, pour arriver à Damas, une forte journée dont je ne conserverai, je le crains, d'autre souvenir que celui d'un soleil brûlant au milieu d'un désert rocailleux.

Vers quatre heures du soir, enfin, au moment où nous atteignions le sommet d'une colline, nous avons aperçu tout à coup à nos pieds la vaste oasis de Damas, entourant, enserrant de sa fraîche verdure cette antique et grande ville aux trois cents mosquées. Quand on passe ainsi subitement de l'aridité à ce riant aspect, l'œil est délicieusement charmé; la surprise est toutefois moins grande qu'on ne pourrait le croire, car Damas est un des sites que l'imagination se représente le mieux. C'est néanmoins un beau spectacle que celui d'une ville de 150,000 habitants, enfouie dans une île de jardins de quelque chose comme dix lieues de tour. Et quand on y pénètre et qu'on voit que cette verdure est composée presque exclusivement d'abricotiers gigantesques, aussi grands que nos noyers, on se sent décidément dans le pays du soleil.

Les rues de Damas n'ont rien de curieux par elles-mêmes; les musulmans enlaidissent à plaisir l'extérieur de leurs maisons, pour donner doublement de soins à leur installation intérieure. Ce sont ces maisons qu'il faut visiter, car rien n'est charmant comme les habitations des familles riches de Damas. On y pénètre par une porte basse, curieuse déjà, car on est obligé de se courber en deux pour pouvoir y passer, et l'on entre dans une première cour, très-simple encore et destinée à empêcher les visiteurs d'arriver trop rapidement dans la cour centrale. Celle-ci est ravissante : au centre, un bassin où murmure fraîchement une fontaine d'eau courante, ombragée par de grands orangers; tout autour des dalles de marbre conduisant, ici au grand salon, plus loin à la salle à manger, là surtout au fumoir que l'on rêve et qui, ouvert entièrement du côté de l'entrée, représente une vaste niche à pans coupés, garnie de larges divans, de coussins de soie, de tapis de Perse et de petites tables en nacre. Le salon est plus riche encore ; ses murailles sont littéralement incrustées de marbre, de pierres précieuses et de nacre, et sont couvertes de riches trophées d'armes ; le plafond resplendit d'arabesques entremêlées de petits miroirs aux mille formes ; enfin le plancher, recouvert de tapis moelleux, offre cela de particulier, c'est que le fond de la salle est surélevé d'environ un pied sur l'entrée et forme comme une estrade d'honneur où le seigneur et maître reçoit ses visites. Qui s'attendrait à toutes ces splendeurs en voyant les murs de pisé de l'extérieur, et combien il faut se garder de juger des mœurs de l'Orient par ce qu'on voit dans les rues !

Le bazar ou plutôt les bazars de Damas ressemblent à tous ceux de l'Orient, à ne juger que par le premier coup d'œil ; mais que de richesses quand on fouille un peu ! quelles armes anciennes, quelle antique vaisselle de cuivre ciselé, d'or et d'argent, quelles soieries damassées ! J'y suis resté six heures durant et n'ai pu m'en arracher que lorsqu'il ne me restait plus que 15 francs en tout et pour tout... 15 francs pour mon argent de poche d'ici à Jérusalem ! Dans le choix des armes, il faut être très-prudent ; les fameuses lames de

Damas ne se fabriquent plus depuis plusieurs siècles et quelques marchands se fournissent sans scrupule en Belgique; ce n'est que par exception que l'on met la main sur une véritable rencontre.

C'est de Damas que part chaque année la caravane sacrée de la Mecque; de tout temps, du reste, cette fertile oasis a été un des lieux de passage les plus fréquentés; c'était la halte la plus naturelle pour les caravanes apportant les produits de l'Inde et pour le commerce de Palmyre et de Bagdad, et la Bible en parle dans la Genèse comme contemporaine d'Abraham. Son histoire est des plus intéressantes, depuis les Juifs jusqu'aux Romains, depuis la conversion de saint Paul jusqu'aux ravages de Tamerlan qui, au commencement du xve siècle, passa tous ses habitants au fil de l'épée, en ne faisant grâce qu'à quelques armuriers qu'il transporta en Boukharie.

30 octobre.

Je ne savais pas pourquoi les connaissances qu'Achmet rencontrait sur notre chemin l'appelaient Abou-Ibrahim; il vient de m'en donner l'explication : Abou signifie père, et le fils aîné d'Achmet se nomme Ibrahim; c'est encore là une des preuves de l'importance que les musulmans attachent à leur postérité, de même qu'à leur généalogie : dans leur esprit la femme n'est rien, l'enfant, le fils est tout! L'immense majorité des femmes arabes ne sait, du reste, ni lire ni écrire, c'est à peine si elles savent coudre; mais Achmet me dit qu'elles sont presque toutes jolies, douces et aimantes.

J'ai un drogman très-agréable, il cause beaucoup et bien. Il m'a raconté, aujourd'hui, que sa famille descendait du kalife Osman, et qu'il aurait le droit de porter le turban vert, mais qu'il ne le ferait pas tant que sa position de fortune l'obligerait à servir des Européens, ce qui, parmi ses coreligionnaires, est considéré comme le dernier des pis-aller.

Tout en causant, le temps passe et nous avançons.... fort heureusement, car notre chemin est bien aride. Nous arrivons, vers quatre heures du soir, au pied de la haute colline que couronnent les ruines de Banias, et nous y montons, Achmet et moi, laissant nos gens aller préparer notre campement. Le château de Banias commandait la route suivie par les caravanes; il était fortement retranché, et la vue que l'on découvre du haut de ses murailles est fort belle; je ne saurais, du reste, faire mieux que de le comparer à l'un de nos vieux châteaux des Vosges.

Ma visite n'a pu être que sommaire et s'est terminée brusquement par une aventure dont le souvenir m'égayera longtemps et restera surtout profondément gravé dans la mémoire d'Achmet. Les deux coups de mon fusil nous avaient servi dans la journée, l'un à tuer une perdrix, l'autre à mettre en fuite un loup; ma provision de cartouches et mon revolver étaient restés dans ma malle et se trouvaient pour le moment à quelque chose comme une lieue de nous; bien qu'Abou-Ibrahim portât mon fusil en bandoulière, nous n'avions donc, en réalité, pour notre défense qu'un grand sabre que j'avais acheté à Damas et que mon drogman avait tenu à pendre à sa ceinture. Arrivé au pied des ruines, j'avais engagé mon compagnon à se reposer et à m'attendre, et, n'emportant avec moi que ma cravache, je sautais de murailles en vieilles murailles, lorsque je m'entendis appeler tout à coup d'un ton de détresse. Je me retournai et je vis Achmet couchant en joue de son fusil désarmé quelqu'un ou quelque chose que je n'apercevais pas. « Qu'y a-t-il? m'écriai-je. — Monsieur, monsieur, venez vite, c'est un diable! c'est un diable! » Et je voyais mon fidèle Achmet abaisser et relever son arme innocente comme pour menacer un ennemi très-rapproché. « Rassurez-vous, lui criai-je, il n'y a pas de diables. » Et, courant à son secours avec une certaine émotion, je pus

voir bientôt un animal inconnu, plus petit qu'un
tigre, plus grand qu'un loup, et qui, d'un pelage
noir foncé, battait ses flancs avec une longue
queue et se tenait à cinquante pas de nous.

Que faire? Le mieux était sans doute de chercher à l'effrayer; je pris le grand sabre, j'ordon-
nai à Achmet de s'armer de son couteau, et avec un
courage héroïque, nous fîmes dix pas en avant!
L'ennemi ne bougea pas.... C'est alors que mon
drogman se rappelant fort à propos qu'il était père
de famille, et persistant du reste à croire que nous
étions en présence d'un diable, me supplia de
m'arrêter. J'eus l'immense bonté de lui céder, et,
reculant à petits pas pour dissimuler cette fuite
honteuse, nous laissâmes là ruines et débris, pour
nous rabattre sur le camp, où Achmet raconta
notre aventure de telle façon que mon cuisinier
se crut en devoir de venir me féliciter sur notre
bravoure ! !

Nous campons au milieu des oliviers, sur les
confins de Banias, l'antique Césarée de Philippe ;
ici commencent les souvenirs bibliques, Jésus
s'y trouvait quelques jours avant sa Transfiguration.

1er novembre.

S'il y a des gens qui aiment l'aridité, je les engage à venir en Palestine ; je leur promets qu'ils

seront satisfaits! Nous voici à Tibériade, sur les
bords de cette mer ou plutôt de ce lac témoin des
principaux miracles, des plus belles prédications
de Jésus; eh bien, il fait tellement chaud, à
250 mètres au-dessous du niveau de la Méditerranée, et huit ou dix heures de cheval chaque jour
par un soleil de feu sont si pénibles, que l'on a
peine à se recueillir comme on le voudrait.

Nos journées d'hier et d'aujourd'hui ont cependant été intéressantes : hier c'étaient les sources du
Jourdain, puis notre joli campement à El-Moughar
sur un coteau qui domine le lac de Houleh ; aujourd'hui c'était Bethsaïde, la patrie de Pierre,
d'André et de Philippe, et puis l'emplacement de
Capharnaüm, où Jésus, chassé de Nazareth, vint
passer les trois plus belles années de sa vie, celles
de ses enseignements admirables.

Nous campons ce soir au-dessus de ce lac de Tibériade, dont les eaux si pures font contraste avec
les rives désolées; du temps de Jésus ces vallons
devaient être riants et fertiles pour nourrir les
multitudes qui se pressaient autour de lui, ces
bords devaient être égayés par de riches villages;
aujourd'hui tout cela est désert, rocailleux, monotone. L'endroit qui a servi de berceau à l'ère nouvelle de civilisation et de progrès moral qui domine
aujourd'hui le monde, est retombé, lui, dans la

solitude et la désolation.... Quel mystère et quel
profond sujet de méditation !

2 novembre.

＿La soirée d'hier a été délicieuse. A l'ardeur du
jour avait succédé l'air doux et tiède d'une nuit
splendide, et je suis resté plusieurs heures à rêver
en contemplant ce beau ciel et les teintes poétiques
des montagnes qui entourent le bassin du lac.

Ce matin, avant même qu'il ne fît jour, nous
avons pris un bain dans les sources chaudes et
sulfureuses de Hammath, puis traversant les hauteurs de Hattin, où Saladin écrasa, en 1187, l'armée chrétienne commandée par Guy de Lusignan,
et mit fin, en pratique du moins, au royaume de
Jérusalem, qui n'exista plus que de nom, nous ne
nous sommes arrêtés qu'au sommet du mont Thabor. C'est là qu'une tradition, probablement erro-
née, place la scène de la Transfiguration que, selon
l'Évangile de saint Matthieu, il faudrait voir plutôt
sur le mont Hermon, au-dessus de Banias. Quoi
qu'il en soit de cette question encore très-discutée,
je préfère concentrer tous mes souvenirs sur l'intérêt véritable de ma journée, sur Nazareth, la
ville de la Vierge, le séjour du Christ pendant toute
son adolescence.

Rien ne saurait préparer mieux l'esprit et le cœur que les approches de Nazareth ; c'est une succession de collines et de vallons qui s'élèvent pittoresquement sur le flanc d'une longue montagne, où l'âme se recueille sans peine au milieu de vastes champs de bruyère. La ville du Seigneur apparaît enfin comme perdue sur la dernière des pentes, mais au milieu de ce calme de la nature, ses blanches maisons y respirent une douce gaieté, et certes c'est un des beaux moments de la vie que celui où il est donné à l'homme d'admirer la petite patrie du grand Sauveur.

J'aurais dû rester sur ces impressions, j'ai eu le tort d'aller au couvent Latin visiter la grotte où eut lieu l'Annonciation, et entendre raconter par les pères Franciscains le miracle par lequel la maison de la Vierge, attenante autrefois, a été transportée par les anges, d'abord en Dalmatie et puis à Lorette, près d'Ancône, où elle donne lieu à un pèlerinage des plus renommés. Pourquoi donc nous faut-il toujours du merveilleux, et ne serait-il pas beaucoup plus digne et plus réel de nous en tenir plutôt tout simplement à la morale sublime que le Christ est venu prêcher sur terre ?

Ma soirée se termine très-agréablement par un dîner en tête-à-tête avec un chef arabe, Mahomet-y-Safed, qui veut bien partager ma soupe, et nous prenons le café avec le premier Européen que j'aie rencontré depuis bien des jours, le vicomte de Basterot, dont j'ai plaisir à faire connaissance.

5 novembre.

Nos trois dernières étapes ont été marquées par Djennin, Naplouse et Béthel; elles nous ont considérablement rapprochés de Jérusalem où nous entrerons demain dans la matinée ; ce soir même j'ai pu apercevoir déjà, du haut d'une colline, la mosquée d'Omar en même temps que la mer Morte.

Cette vue m'a fait plaisir, je l'avoue, car quel que soit, sans doute, l'intérêt de la Palestine, l'esprit et le cœur seuls y sont en jeu, les yeux n'ont rien à y faire que de passer d'un vallon aride à un autre vallon brûlé par le soleil; et les ruines bibliques que l'on y rencontre ne consistent presque toujours qu'en quelques débris informes, sur lesquels les archéologues sont, par-dessus le marché, bien souvent en désaccord. Heureusement l'un des plus heureux priviléges des voyages, c'est que l'on oublie bientôt les tribulations pour ne se rappeler que les moments agréables, et j'espère bien qu'en disant adieu à mon cheval et à ma cravache infatigable, je ne tarderai pas à concentrer tous mes souvenirs sur Balbek, Damas et Nazareth.

Pour arriver à Djennin on traverse la plaine d'Esdrelon et le champ de la brillante victoire du mont Thabor, où Kléber et Bonaparte réussirent, en 1799, à mettre en déroute, avec 6,000 Français, une armée turque de plus de 30,000 hommes.

Entre Djennin et Naplouse on voit l'emplacement du puits de Dothan, où Joseph fut saisi et vendu par ses frères, et, comme cet épisode a jadis fortement préoccupé mon enfance, cet endroit m'a intéressé. Plus loin et sur le sommet d'une colline, admirablement située au centre d'un amphithéâtre de vallons, s'élèvent les ruines de Samarie, ce nom qui évoque des souvenirs si nombreux, depuis la fameuse Jézabel jusqu'aux Samaritains, dont il est tant question dans la Bible. On y visite le caveau où furent déposés, pendant plusieurs siècles, les restes de saint Jean-Baptiste.

Naplouse est l'antique Sichem que nous voyons figurer déjà dans l'histoire des premiers patriarches; plus tard et lors de la séparation des deux royaumes, elle devint la capitale d'Israël; enfin, au retour de la captivité de Babylone et sur le refus des Juifs de Jérusalem d'admettre les Samaritains à la reconstruction du temple, les habitants de Sichem en élevèrent un second, en tout sem-

blable, sur le mont Garizim, et ils se séparèrent
complétement des Juifs. On est étonné de retrouver en exercice, de nos jours encore, parmi une
centaine d'habitants de Naplouse, ce culte des Samaritains, basé entièrement sur le Pentateuque,
dont ils conservent précieusement un manuscrit,
tracé en caractères phéniciens sur un rouleau de
parchemin qui aurait, dit-on, plus de trois mille
ans d'existence. C'est là certes une secte bien curieuse et qu'on pourrait presque dire plus juive
que les Juifs.

De Naplouse à Béthel on passe auprès du tombeau de Joseph et du puits de Jacob, où Jésus
s'entretint avec la Samaritaine, et on traverse
Scilo où le Tabernacle fut déposé après la conquête
du pays de Chanaan. Béthel est l'antique Louz,
où Abraham faisait paître ses troupeaux et qu'a
rendue célèbre le fameux songe de Jacob. C'est
peut-être à la place même qu'occupe ma tente
qu'eut lieu ce songe, et qui sait si je ne verrai pas
cette nuit quelque échelle dans mes rêves!... J'ai
hâte de m'en assurer, car il se fait tard.

CHAPITRE III.

JÉRUSALEM. — LE MONT DES OLIVIERS.
L'ÉGLISE DU SAINT-SÉPULCRE. — LA MURAILLE
OU PLEURENT LES JUIFS. — LA MOSQUÉE D'OMAR.
BETHLÉEM. — LA MER MORTE ET LE JOURDAIN.
LE CANAL DE SUEZ. — ALEXANDRIE.

7 novembre.

Le point le plus favorable pour une première
vue d'ensemble sur Jérusalem est certainement le
mont des Oliviers. On domine là toute la ville dont
on n'est séparé que par l'étroite mais profonde
vallée du Cédron, et on comprend que Jésus ai-
mât à venir rêver sur cette colline, où il avait, en
quelque sorte à ses pieds, le Temple, aujourd'hui
remplacé par la mosquée d'Omar, et les collines
de Sion et d'Acra ; tandis qu'à ses côtés il voyait la
montagne de l'Offense et les tombeaux des Juges
et des Rois, et qu'en se retournant il pouvait
plonger ses regards jusque sur la nappe brillante
de la mer Morte.

Mais si l'aspect de Jérusalem est pittoresque, entourée comme elle l'est de profonds ravins qui se croisent dans tous les sens et de vastes collines arides et nues, on est étonné, en même temps, que cette position ait été choisie pour y placer une capitale; rien n'était plus facile pour les armées ennemies que d'investir cette ville, et l'on s'explique aisément qu'elle ait été prise et reprise une quinzaine de fois, détruite et rebâtie si souvent dans le cours de son histoire prodigieuse.

Jérusalem a été le centre d'un monde antique et providentiel; elle est aussi le point de départ de l'ère nouvelle du christianisme et de la rénovation humaine qui l'a suivi; ai-je besoin de dire que ce ne sont pas, certes, les souvenirs et les émotions qui font défaut, du haut de ce mont des Oliviers, si vivant dans tous nos cœurs !

On descend par le jardin de Gethsémani, et il faut bientôt quitter la région des idées élevées pour traverser le dédale des *traditions* (pour ne pas employer d'autre terme) que la piété chrétienne a trouvé bon d'imposer aux fidèles. Non-seulement on montre dans le jardin de Gethsémani, enclos d'un mur blanchi à la chaux et qui vous révolte dans un lieu où on aimerait à être un peu abandonné à ses propres impressions, l'arbre même au pied duquel le Christ fut saisi

et lié, et qui aurait donc aujourd'hui plus de dix-
huit siècles d'existence; mais encore il n'est pas,
dans ce pays, le plus petit incident des Évangiles
qui n'ait sa place marquée et pieusement révérée.
Ainsi, pour ne citer qu'une chose entre mille,
ne va-t-on pas jusqu'à montrer, dans le couvent
de Sainte-Croix, l'endroit où était planté l'arbre
qui servit à faire la croix de Jésus!

J'ai visité l'église du Saint-Sépulcre avec
M. Mauss, l'architecte chargé de la reconstruction
de sa coupole. Quel vaste assemblage de constructions diverses, quel dédale de chapelles et de cou-
vents que ce Saint-Sépulcre, où tantôt on monte
jusqu'à des hauteurs de deuxième et troisième
étage, et tantôt on descend dans des chapelles
souterraines creusées profondément dans le roc!
Ce n'est pas à proprement parler une église, c'est
plutôt une réunion de lieux saints, qu'il faut parcourir soi-même pour la bien comprendre.

L'église du Saint-Sépulcre ou de la Résurrection a été bâtie pour la première fois (car les
Perses et les Arabes l'ont détruite à deux reprises)
par l'empereur Constantin et par sa mère sainte
Hélène, sur l'emplacement présumé du Calvaire
et du tombeau de Jésus. Il s'était donc écoulé
trois siècles de persécutions, pendant lesquels la
tradition seule a pu conserver le souvenir des

lieux saints, et de nombreux écrivains ont cru
pouvoir contester leur authenticité en s'appuyant
sur plusieurs passages historiques et évangéliques,
grave question que je préfère ne pas approfondir
et que mon premier sentiment décide du reste
en faveur de la tradition, par la seule raison que
Constantin devait être mieux à même de faire
des recherches en l'an 326 que nous ne le sommes
quinze siècles plus tard.

Je ne veux pas m'arrêter non plus aux ri-
valités terribles qu'engendre, parmi les différentes sectes, la possession de la moindre pierre
de cette église, qui se trouve appartenir à la fois
à tous et à personne ; j'aime mieux garder un
peu mes illusions et me borner à observer les
pratiques religieuses des nombreux pèlerins qui
m'entourent. Ce ne sont que prosternations, bai-
sements d'autels, d'images et surtout de pierres
sacrées. Ici, après avoir, détail original, passé devant le poste des soldats turcs chargés de maintenir l'ordre dans l'intérieur de l'église, je vois le
monde s'agenouiller et embrasser la pierre où les
saintes femmes oignirent le corps du Christ ; là,
au fond de la chapelle d'Adam, c'est la fente qui
se produisit dans le roc de Golgotha ; plus haut,
c'est le trou où fut plantée la croix, puis vient
l'endroit que les Grecs regardent comme le centre

du monde, et tout au fond de la vieille chapelle
de sainte Hélène, où l'on descend par un long
escalier obscur et dont la coupole présente l'aspect
le plus saisissant, soutenue qu'elle est par quatre
antiques piliers corinthiens, on arrive dans la
grotte où la mère de Constantin retrouva la vraie
croix.

Mais ce qui attire le plus particulièrement,
c'est le tombeau du Christ, le Saint-Sépulcre proprement dit. Il est placé au centre de la grande
rotonde, dans une petite chapelle de deux mètres
carrés et, pour empêcher que les baisers des
fidèles ne finissent par user la pierre, la grotte
sépulcrale et le tombeau lui-même ont été revêtus
de plaques de marbre. Les pèlerins n'y entrent
qu'à genoux, en baisant le sol et le tombeau sur
lequel ils placent d'ordinaire, pendant quelques
instants, les chapelets qu'ils veulent consacrer. Je
suis resté longtemps dans cet endroit sacré, si
petit que l'on peut en toucher les quatre coins
rien qu'en étendant les bras, et en même temps
si grand que l'imagination s'y étend et s'y déploie
à l'infini.

Mais ici encore, comme cela arrive trop souvent
sur la terre, il n'y a qu'un pas à faire pour re-
tomber des hauteurs de l'idéal à la réalité des fai-
blesses humaines : à côté du Saint-Sépulcre, et

lui formant vestibule, se trouve la chapelle de l'Ange, témoin chaque année d'une des cérémonies les plus odieuses que l'on puisse imaginer et que l'on nomme le *Feu-Nouveau*. Le samedi saint, l'évêque grec entre dans la chapelle de l'Ange, dont on referme hermétiquement la porte sur lui, et un envoyé du ciel ne tarde pas à lui apporter d'en haut le feu sacré que ce prélat présente à son tour à la foule, au travers d'un petit guichet percé dans le mur. « Aussitôt, dit *l'Itinéraire de l'Orient*, si bien fait par MM. Joanne et Isambert, des milliers de Grecs, de Cophtes et d'Abyssins, ivres d'enthousiasme, se précipitent pour allumer leurs cierges à ce feu céleste. Les cris, les flots agités de cette foule, la lueur de mille torches, les chants et les danses qui accompagnent cette profane cérémonie, lui donnent un caractère indescriptible. La milice turque, chargée du maintien de l'ordre, est souvent impuissante contre ces hordes de démons déchaînés, et il est rare qu'on n'ait pas à signaler de graves accidents. En 1834, plus de 400 cadavres jonchèrent le pavé du Saint-Sépulcre à la suite de ces odieuses saturnales. » Je relate cette cérémonie du feu sacré à l'intention de quelques-uns de mes amis trop disposés à ne regarder les choses que dans un sens : rien ne rend tolérant comme un voyage à Jérusalem.

J'ai terminé ma journée par une promenade à l'établissement russe, bâti sur une colline en dehors de la ville, et dont les proportions colossales sont en rapport avec la position de plus en plus grande que la Russie prend en Orient.

8 novembre.

J'ai déjeuné aujourd'hui et passé plusieurs heures avec le consul général de France, M. de Barrère, que seize années de séjour à Jérusalem, jointes à beaucoup d'études et d'intelligence, ont fait l'homme de notre époque le mieux au courant de l'Orient et de ses questions politiques et religieuses. Il sait en quelque sorte par cœur et la Bible et Josèphe, et il m'a donné les explications les plus intéressantes sur l'ancien temple de Salomon que je dois visiter demain. Aussi, lorsque quatre heures ont sonné, ai-je eu peine à m'arracher de son salon pour courir, aujourd'hui vendredi, à l'antique muraille où les juifs viennent pleurer la ruine de leur temple et prier pour le retour de leur grandeur passée. Je ne m'attendais pas à être aussi impressionné que je l'ai été par ce spectacle touchant : l'émotion véritable, la profonde sincérité de ces femmes qui sanglotent en embrassant la muraille, de ces hommes qui, selon

les prescriptions de l'Écriture, prient en secouant
tous leurs os ; puis, comme premier plan, des
vieillards accroupis et lisant au travers de grosses
lunettes leurs livres saints ; ces costumes et ces
types du vieux judaïsme ; enfin, comme fond, les
pierres énormes de ces assises archaïques ; tout
cela forme le tableau le plus saisissant, le plus
parlant qui puisse se graver dans un cœur.

9 novembre.

M. Bergheim m'a conduit ce matin à la mosquée
d'Omar sur l'emplacement de l'ancien temple de
Salomon. C'est une excursion bien intéressante,
mais difficile à décrire, car, à l'exemple de la
plupart des monuments de Jérusalem, le temple a
été détruit et réédifié plusieurs fois et il a subi bien
des remaniements.

Je ne chercherai pas à préciser les époques de
construction de ses différentes assises, tantôt hé-
braïques, tantôt romaines et puis sarrasines ; je
préfère ne parler que de l'impression de grandeur
produite par cette cour dallée qui, sur une longueur de 460 mètres, occupe tout le sommet du
mont Moriah et nécessita les travaux de nivellement
les plus considérables. Sur cette vaste esplanade le
peuple juif venait assister de loin au culte et aux

4

sacrifices que les prêtres seuls avaient le droit d'offrir dans l'enceinte sacrée. Au centre, à peu près, s'élevait le Temple, bâti par Salomon 1011 ans avant Jésus-Christ, détruit 423 ans plus tard par Nabuchodonosor, réédifié au retour de la Captivité de Babylone, rebâti une nouvelle fois et avec grande magnificence par Hérode le Grand, complétement rasé par Titus l'an 70 de notre ère, enfin remplacé par la mosquée d'Omar, dont la coupole sarrasine et le croissant recourbé dominent encore aujourd'hui tout Jérusalem.

Tous les voyageurs ont prodigué à la mosquée d'Omar les qualifications élogieuses de légèreté, d'élégance et de richesse, et certes sa forme octogonale, ses murailles peintes en bleu, sa coupole allongée lui donnent un cachet particulier et plein de grâce. L'intérieur en est encore plus original, car si les yeux y admirent de remarquables vitraux coloriés, l'esprit ne quitte pas l'énorme roche qui, nue et brute, occupe tout le centre de la mosquée et fait le plus curieux des contrastes avec la richesse qui l'entoure. C'est la fameuse pierre que les musulmans croient suspendue dans l'espace, sans qu'elle repose sur rien ; c'est de là que Mahomet s'éleva un jour jusqu'au septième ciel, et la tradition raconte que la roche, pénétrée d'amour pour lui, voulait le suivre et déjà s'était élevée un peu au-dessus de la terre, lorsque le Prophète lui ordonna de rester là où elle était, ce qui s'accomplit à la lettre! Aussi, après la Mecque et Médine, les musulmans n'ont-ils pas de pèlerinage plus vénéré que celui-ci.

Je pourrais et j'aimerais écrire de nombreuses pages sur ce temple de Salomon et sur la mosquée d'Omar, je voudrais surtout raconter la légende de la colonne sur laquelle Mahomet viendra s'asseoir lors du jugement dernier, mais il se fait tard malheureusement, et avant de m'endormir, il faut que, pour finir le récit de ma journée d'aujourd'hui, je parle encore de Bethléem et de Mar-Saba.

Je n'ai pas voulu me laisser arrêter par un temps assez menaçant et je me suis mis en route à midi, pour la tournée de la mer Morte et du Jourdain. On passe par Bethléem, où il suffit d'une demi-heure pour admirer l'église de la Nativité, construite par sainte Hélène, et pour regretter que la grotte où naquit le Christ ait perdu tout son caractère sous la couche de marbre et d'autels dont on a cru devoir la revêtir. Il n'y a du reste pas moyen de se recueillir un seul instant à Bethléem; les habitants y sont d'une rapacité telle, que je me suis surpris tout à coup, distribuant des coups de canne à droite et à gauche.

Je campe cette nuit à côté du couvent de Mar-
Saba. Il est très-pittoresquement attaché au flanc
d'un ravin profond, entouré, aussi loin que peut
s'étendre la vue, par un désert de collines et de
montagnes désolées. On n'aperçoit ni un arbre,
ni un arbuste, ni même une touffe d'herbes : des
pierres, toujours des pierres; c'est dans son genre
aussi triste et aussi sinistre que l'auberge du
Grimsel en Suisse. Avec cela nous avons une tem-
pête de vent et, au moment où j'écris, mes
hommes entassent de grosses pierres sur les pi-
quets de ma tente pour l'empêcher d'être em-
portée; je me demande si je vais dormir et de
quelle manière je me réveillerai.

10 novembre.

Le vent s'est calmé, et nous avons pu quitter nos
tentes à trois heures du matin; je tenais à atteindre de bonne heure les bords de la mer Morte
pour éviter autant que possible la grande chaleur qu'il y fait au milieu de la journée. Après
une longue descente, nous avons débouché dans
la plaine au moment du lever du soleil, et je me
rappellerai toujours le spectacle attachant, en
même temps que sérieux, de cette belle nappe
bleue enserrée par d'abruptes montagnes, les unes

sablonneuses et blanches, les autres volcaniques
et sombres. Elle se prolonge et se perd dans le
lointain jusqu'au moment où, arrêtée de ce côté
aussi par une nouvelle chaîne de montagnes, elle
n'a d'autre ressource, pour contre-balancer l'ap-
point que lui fournit constamment le Jourdain,
que l'évaporation considérable produite par la
chaleur exceptionnelle qu'il fait à 400 mètres au-
dessous du niveau de la Méditerranée. En face de
cette position, unique au monde, qui ne se sen-
tirait ému au souvenir de cette vallée de Sodome
et de Gomorrhe autrefois fertile et peuplée, que le
Seigneur fit disparaître sous « une pluie de soufre
et de feu? »

L'eau de ce grand lac est six à sept fois plus sa-
lée que la mer ; elle brûle tout ce qu'elle touche
et ne nourrit aucun poisson. Sa densité est telle
(1,227), que l'homme y surnage comme un morceau de liége, et le bain que j'y ai pris m'a beaucoup amusé ; je me suis étendu tranquillement
sur le dos comme sur le meilleur des canapés. Par
contre j'ai eu beau m'essuyer en sortant, ma peau
est restée gluante et elle est devenue brûlante sous
l'influence d'une réaction prodigieuse, si bien
que j'ai été tout heureux d'arriver, au bout d'une
heure, sur les bords du Jourdain, et de me plonger dans ses eaux fraîches, autant, je l'avoue, pour

mon bien-être personnel, qu'en souvenir du bap-
tême qu'y donnait saint Jean-Baptiste.

Je campe ce soir à Jéricho, ou, pour parler plus
exactement, auprès des quelques masures qui en
marquent l'emplacement : il y a, en effet, trente-
quatre siècles que les murailles de l'antique cité
s'écroulèrent au son des trompettes des Hébreux,
métaphore poétique comme on en rencontre tant
en Orient, et qui signifie simplement que l'assaut
fut donné au bruit des trompettes. Quand on a
voyagé un peu dans ce pays-ci, on voit que les
livres saints, adaptés à l'imagination orientale, ne
doivent pas être pris trop à la lettre par nos esprits européens ; nous devons nous attacher au
sens général plutôt qu'à certaines expressions en
particulier.

Demain matin je reprendrai le chemin de Jérusalem et j'irai m'embarquer le 13 courant à
Jaffa pour le canal de Suez et l'Égypte.

18 novembre.

Le bateau des Messageries m'a débarqué à Port-
Saïd, dont j'ai visité les travaux avec beaucoup
d'intérêt ; puis je me suis mis à bord de la cha-
loupe à vapeur qui dessert la partie déjà navi-
gable du canal, et j'ai pu me rendre compte,

pendant les 80 kilomètres que nous avons eu à parcourir pour atteindre Ismaïla, de l'immensité de
cette conception hardie. Le canal de Suez aura
160 kilomètres de longueur, sur une profondeur
de 8 mètres et une largeur suffisante pour que les
plus gros navires puissent s'y croiser ; son creuse-
ment nécessitera un déplacement de 70 millions
de mètres cubes; et quand on pense qu'il s'agit,
tantôt de creuser un chenal dans des sables cou-
lants comme au lac Menzaleh, tantôt de percer
des seuils de 20 mètres d'élévation comme à El-
Guîrsch, on éprouve un double sentiment de
crainte et de fierté en voyant d'un côté les proportions colossales de cette entreprise, et en songeant
d'autre part aux progrès qu'a dû faire la civilisation
pour permettre à l'homme, faible et dénué lors de
sa création, d'en arriver à oser entreprendre de
pareils travaux.

Ismaïla est une jolie petite ville, très-originale
au milieu des sables blancs et fins, sur lesquels elle
s'est élevée comme par enchantement ; c'est, en
plein désert, un petit coin français, égayé par sa
société polie et aimable.

J'ai rejoint Zagazig par le canal d'eau douce, et
une fois en chemin de fer (cela paraît si rapide
lorsque depuis un mois on n'a voyagé qu'à cheval),
je n'ai pas tardé à arriver à Alexandrie. Cette ville

ne rappelle actuellement en rien ni la gloire de son fondateur, ni sa grandeur sous les Ptolémées. En parcourant ses rues bâtardes qui ne sont ni européennes, ni orientales, on est obligé de faire un effort pour se reporter aux temps de sa bibliothèque fameuse et des séductions de Cléopâtre, et l'impression générale que l'on éprouve est en somme très-triste. Nulle part je n'ai vu, je crois, de population plus mélangée; toutes les races de la terre semblent y être représentées, et à côté d'hommes fort honorables sans doute, on y voit malheureusement une grande proportion de gens sans aveu. Les affaires s'y traitent d'une façon tout à fait curieuse, et l'un de mes amis, qui m'a fait voir le marché au coton, n'a pas eu de peine à me convaincre de ses ennuis et de ses tribulations; rien ne s'y fait régulièrement, et les acheteurs, aussi bien que les vendeurs, abusent successivement de leur position, suivant qu'il y a eu hausse ou baisse dans l'intervalle de l'achat et de la réception de la marchandise.

CHAPITRE IV.

LE CAIRE. — LE NIL. — THÈBES. — L'ILE DE PHILAE.
LES PYRAMIDES. — SUEZ ET LA MER ROUGE.

21 novembre.

Le Delta égyptien, que l'on traverse en grande partie en allant d'Alexandrie au Caire, est une plaine unie, couverte partout de la plus riche végétation. C'est une terre bénie qui produit jusqu'à deux et trois récoltes par an et qui, à cette époque-ci de l'année, offre particulièrement l'aspect le plus enchanteur. L'œil s'y repose avec délices sur un immense tapis de verdure, rehaussé çà et là par un bouquet de palmiers, recouvert partout par ce dôme d'azur qu'on nomme le ciel d'Orient! Je ne saurais, du reste, mieux dépeindre mes impressions qu'en transcrivant ici la lettre que le conquérant de l'Égypte, Amrou, adressait vers l'an 642 à son calife, le grand Omar : « O prince des fidèles, disait-il, peins-toi une campagne magni-

fique au milieu d'un désert aride, voilà l'Égypte.
Toutes ses productions et toutes ses richesses, depuis Assouan jusqu'à Meucha, viennent d'un fleuve
béni qui coule avec majesté au milieu du pays.
Le moment de la crue et de la retraite de ses eaux
est réglé par le cours du soleil et de la lune ; il y a
une époque fixe dans l'année où toutes les sources
de l'univers viennent payer à ce roi des fleuves le
tribut auquel la Providence les a soumises envers
lui. Alors les eaux augmentent, sortent de son lit
et couvrent toute la face de l'Égypte, pour y déposer un limon productif. Il n'y a plus de communication d'un village à l'autre que par le moyen
de barques légères aussi nombreuses que les
feuilles du palmier. Lorsque ensuite arrive le moment où ses eaux cessent d'être nécessaires à la
fertilité du sol, le fleuve docile rentre dans les
bornes que le destin lui a prescrites, pour laisser
recueillir le trésor qu'il a caché dans le sein de la
terre.

« Un peuple protégé du ciel et qui, comme
l'abeille, ne semble destiné qu'à travailler pour
les autres, sans profiter lui-même du fruit de ses
sueurs, ouvre légèrement les entrailles de la terre
et y dépose les semences dont il attend la fécondité
du bienfait de Celui qui fait croître et murir les
moissons. Le germe se développe, la tige s'élève,

l'épi se forme par le secours d'une rosée qui supplée aux pluies et qui entretient l'humidité féconde dont le sol est pénétré ; puis à la plus abondante récolte succède de nouveau la stérilité.

« C'est ainsi, ô prince des fidèles, que l'Égypte offre tour à tour l'image d'un désert poudreux, d'une plaine liquide et argentée, d'un marécage noir et limoneux, d'une ondoyante et verte prairie, d'un parterre orné de fleurs et d'un guérêt couvert de moissons dorées. Béni soit le Créateur de tant de merveilles. »

Le Caire m'a beaucoup plu ; c'est, malgré la proportion relativement considérable d'Européens que l'on y rencontre, une des villes les plus orientales qui se puisse voir, et je ne connais guère que Tunis dont l'aspect soit encore plus curieux. La capitale de l'Égypte a toutefois un avantage bien précieux dans la verdure et les ombrages que l'on rencontre non-seulement à ses portes, mais qui rafraîchissent encore ses places publiques et de nombreuses avenues. Rien n'est varié, pittoresque et gai comme de parcourir les rues au grand trot d'un de ces ânes sémillants et innombrables, comme on n'en voit qu'au Caire, et de frayer son chemin de son mieux, tantôt au travers d'une caravane de chameaux, toujours au milieu d'une population compacte et bruyante.

Il est des rues, et en nombre infini, dans cette agglomération de 400,000 âmes, où trois hommes ne pourraient pas marcher de front, où les toits des maisons se touchent et ne laissent pénétrer ni soleil ni lumière, où enfin les marchands accroupis dans leurs boutiques infimes pourraient aisément se donner la main d'un côté à l'autre : là tout paraît sombre et misérable. Il est, au contraire, de larges artères plus modernes, mais également originales et encombrées, où l'air pénètre librement et où tout paraît gai, vivant, où les haillons même se voient au travers d'un prisme, tant est grande en Orient la toute-puissance de la lumière et du soleil. Une seule journée de pluie suffirait pour y donner le spleen, il faut à ces pays-ci leur été perpétuel!

M. Hugin, qui connaît le Caire comme personne, puisqu'il en a dressé le plan, m'a fait voir les endroits qu'il considérait comme les plus intéressants pour moi. Nous avons vu la place de l'Esbekyeh, la mosquée du sultan Hassan, et, du haut de la citadelle bâtie par Saladin, nous avons joui longtemps du beau spectacle de cette ville aux trois ou quatre cents minarets. Nous avons visité la mosquée d'El-Azhar, l'université la plus célèbre de tout l'Orient; c'est une cour immense, entourée de vastes portiques, soutenus par plusieurs ran-

gées de colonnes, au pied desquelles sont pittoresquement accroupis des centaines, je pourrais
dire des milliers d'étudiants accourus de toutes les
parties du monde musulman.

Mais je conserverai surtout le souvenir des tombeaux de Kaït-Bey. Imaginez à une lieue à peine
du Caire, quoique déjà en plein désert de sable,
une dizaine de mosquées de l'architecture sarrasine la plus élégante des xive et xve siècles. Ce sont
les tombeaux des sultans mamelouks, et leurs coupoles élancées et gracieuses, revêtues des plus fines
arabesques dont les moindres détails sont mis en re-
lief par un ciel lumineux, la solitude et la désolation au milieu desquelles on se trouve, tout cela
forme un ensemble saisissant. La ruine est là,
malheureusement, prête à engloutir ces chefs-
d'œuvre, abandonnés qu'ils sont par l'incurie des
hommes, et cette pensée nous a rendus tout tristes,
M. Hugin et moi, en nous faisant passer brusquement, et comme cela arrive, hélas! trop fréquemment dans ces pays-ci, de l'enthousiasme au
découragement. L'Orient, c'est, en effet, la succession constante de deux sentiments entièrement
opposés, suivant que l'on s'attache à son ciel, à ses
couleurs, à sa poésie et à ses souvenirs, ou bien
que l'on soit impressionné par sa décadence moderne. Dans la Palestine, l'absence complète de

tous nos progrès sociaux oblige du moins l'Européen à en prendre son parti une fois pour toutes;
ici, au contraire, les efforts louables, mais trop
souvent infructueux, du vice-roi ont le fâcheux
effet de nous rappeler sans cesse à la comparaison.

Je me propose de revenir au Caire dans trois
semaines, car j'ai encore bien des choses intéressantes à y voir, et tout spécialement les Pyramides. J'y courrais tout de suite, s'il ne tenait
qu'à moi, mais il faut que je parte aujourd'hui
même et je ris à la pensée de toutes les épithètes
dont vont m'accabler mes amis quand ils appren-
dront que je vais remonter le Nil en *bateau à vapeur !* Horreur et profanation ! s'écrieront les uns;
quel Américain! diront les plus modérés. Hélas!
oui, je renonce à la dahabièh traditionnelle, à sa
vie toute contemplative, et, arborant franchement
le drapeau de nos jours, j'estime qu'entre trois
semaines et trois mois il y a aujourd'hui presque
un siècle, et que trois mois seraient trop pour le
Nil. A tout hasard j'en fais l'épreuve : *alea jacta
est!*

25 novembre.

La crainte avec laquelle je m'embarquais ne
m'a paru que trop fondée dans les premiers mo-

ments de notre départ; nous nous sommes trouvés trois passagers en tout, à bord d'un bateau qui pourrait en contenir une vingtaine, et mes compagnons sont tous deux Américains!

Ma première impression s'est heureusement modifiée; nous sommes on ne peut mieux à bord : cabines confortables, large pont bien abrité où nous passons nos journées et nos soirées, où nous prenons tous nos repas en plein air, où, enfin, tandis que les voiles des petits bateaux que nous dépassons pendent inertes et flasques, nous jouissons, nous, de la fraîcheur délicieuse que nous procure notre vitesse même. Et ce n'est pas une petite satisfaction que de sentir que nous approchons rapidement des endroits réellement intéressants du voyage du Nil, car si, de temps en temps, un bouquet de palmiers, un village indigène ou quelque bande prodigieuse de pélicans, d'ibis ou d'oies sauvages, viennent animer le spectacle toujours beau mais un peu monotone, j'avoue que les deux ou trois semaines nécessaires à un bateau à voiles pour arriver jusqu'ici m'eussent paru longues.

L'un de mes compagnons de voyage est un vieux docteur qui, pendant vingt-cinq ans, a dirigé une maison de fous dans le Massachusetts ; l'autre est un marchand de Broadway, qui représente la

jeune Amérique et dont j'ai à subir vingt fois par
jour, la phrase stéréotypée que l'on peut résumer
par ces mots : « Il n'y a pas au monde un pays
comme les États-Unis; » mais ils sont, en somme,
faciles à vivre, et, comme le capitaine s'est mis à
notre disposition pour stopper chaque fois que
nous le désirerions, tout va pour le mieux.

29 novembre.

Une de nos grandes distractions est la chasse;
quand nous apercevons quelque gros gibier, le
pilote met le cap dessus et nous réussissons souvent à abattre quelque pélican ou quelque ibis; il
faut être sur le Nil pour pouvoir chasser en bateau
à vapeur !

Puis, nous avons eu le curieux spectacle du cheik
Sélim, dont la renommée s'étend dans tout le
pays. C'est ce qu'on appelle en arabe un saint, et
ce que nous traduirions, nous, en bon français,
par une espèce de fou qui, depuis quelque chose
comme trente ans, est assis ou couché jour et nuit
sur le bord même du fleuve, sans plus bouger
qu'un soliveau. Il est entièrement nu, sa tête
n'est abritée contre les rayons brûlants du soleil
d'Égypte que par une épaisse chevelure crépue et
que je ne saurais comparer qu'à la toison d'un

bélier brun marron ; sa figure rappelle , en tout
point, celles de nos vieux satyres ; enfin son corps
qui présente une véritable peau de rhinocéros couverte d'écailles çà et là, est le séjour bienheureux
des mouches. Il est là, regardant d'un œil impas-
sible le Nil qui coule à ses pieds ; nouveau Dio-
gène, il l'emporte même sur son prédécesseur
puisqu'il n'a ni tonneau, ni bâton, ni besace, et
que, malgré tout, il trouve le moyen de faire,
pratiquement, plus de bien sur la terre que n'en
a jamais fait le philosophe cynique. C'est ainsi que,
profitant de la vénération dont il est l'objet, il a su
désigner à notre capitaine une petite fille toute
nue qui se trouvait au milieu de la foule et lui
faire comprendre qu'il devait l'habiller. Je recommande le cheik Sélim à la curiosité des touristes ;
il est unique dans son genre.

Le premier temple égyptien que nous ayons visité est celui de Dendérah ; c'est un des mieux
conservés, mais aussi des moins anciens, et dans
ce pays-ci on regarde presque avec dédain les monuments qui n'ont que dix-neuf cents ans d'existence. Notre jeune Américain seul, habitué à voir
des villes sortir de terre, marche de surprise en
surprise ; il nous raconte que pendant son séjour
en Angleterre on lui montra un monument qui
datait d'un millier d'années, ce qu'il considéra

5

comme un fait prodigieux ; puis il visita l'Italie et se crut transporté dans la nuit des temps ; aujourd'hui que tout cela est comparativement moderne, il n'a plus d'expressions pour rendre son étonnement.

Nous sommes arrivés à Thèbes par un beau coucher de soleil. L'emplacement de l'antique ville aux cent portes occupe une vaste plaine verdoyante, bordée des deux côtés par de hautes montagnes rocheuses et traversée par le fleuve très-large en cet endroit, et dont les eaux relativement calmes reflétaient, au moment de notre arrivée, les teintes dorées des derniers instants du jour. C'était un beau spectacle et bien fait pour diriger nos rêveries vers ces temps reculés où la civilisation égyptienne brillait du plus vif éclat, alors que toute l'Europe était encore plongée dans l'ignorance et dans la barbarie. Aujourd'hui les rôles sont bien changés, sans doute, mais pas assez, heureusement, pour que l'on ne puisse pas constater dans l'ensemble du monde un perfectionnement social suffisant pour encourager ceux d'entre les hommes qui considèrent comme la meilleure manière de remplir les intentions du Créateur, celle de pousser au progrès, sous toutes ses formes, aussi bien matérielles que morales.

Nous avons consacré deux journées aux monu-

ments de Thèbes, et pour graduer l'intérêt de nos
excursions, nous avons réservé pour le dernier
jour les splendeurs de Karnak. Nous avons commencé par les tombeaux des rois. Ces hypogées
sont creusés dans le roc au fond d'une vallée aride
que l'on croirait faite exprès pour disposer l'esprit
au recueillement. Chacun des rois faisait commencer le sien dès son avénement au trône; on y
travaillait pendant toute sa vie, et l'étendue en
était donc porportionnelle à la durée de son règne.
C'est ainsi que Sésostris, dont les deux dates extrêmes sont 1407 et 1341 avant Jésus-Christ, se
trouve avoir une tombe de 145 mètres de longueur.
Ces tombeaux ne se composent pas d'une seule
salle, c'est une série de chambres et de couloirs
dont les parois et les plafonds sont entièrement
recouverts de peintures et d'inscriptions relatives
les unes aux hauts faits du roi, les autres aux
coutumes de son peuple. La fraîcheur de ces peintures est telle qu'on les dirait achevées d'hier,
malgré leur durée de trente-trois siècles, et il s'y
trouve les révélations historiques les plus authen-
tiques et les plus intéressantes qu'il soit donné à
l'homme de consulter, depuis que le génie de
Champollion a permis de comprendre les hiéroglyphes qui en précisent le sens.

Les tombeaux des rois sont malheureusement

vides, ils ont été pillés par les derniers des Ptolémées, et les sarcophages de granit ou d'albâtre
que l'on y a encore trouvés de nos jours ont été
tous transportés dans les musées d'Europe. Il n'en
est pas de même des tombes des simples particu-
liers, et nous nous sommes trouvés, au Deïr-el-
Bâhri, marcher sur un immense amas de momies
parfaitement conservées. Une remarque fort curieuse à faire à ce sujet et qui prouve combien
les anciens Égyptiens avaient su adapter leur religion aux principes pratiques de l'hygiène, c'est
que, dans ce pays où les inondations périodiques
et la chaleur constante accélèrent la décomposi-
tion on n'a eu à se plaindre de la peste qu'à partir
du moment où les Pères de l'Église défendirent
aux nouveaux chrétiens, sous peine de damnation
éternelle, de continuer à embaumer les morts, et
ordonnèrent de les enterrer purement et simplement.

Au milieu des ruines si intéressantes mais si
nombreuses de Thèbes, j'aimerais à parler avec
quelques détails du palais de Ramesseïon, du
temple de Medinet-Abou et de son magnifique
péristyle, des colosses de Memnon et de l'immense
réputation qu'ils ont eue anciennement à cause
des vibrations sonores qui, dit-on, les agitaient
quelquefois au lever du soleil; je voudrais enfin

dire quelques mots de Louqsor, mais mes amis
me trouveraient peut-être trop long, et j'ai hâte,
du reste, d'en arriver à Karnak, le joyau des
ruines de Thèbes.

C'est un type de grandeur et de majesté que je
n'avais rencontré encore qu'à Baalbec. Un premier
pylône, aussi haut que la colonne Vendôme, mais
dont la façade présente un développement de plus
de 100 mètres sur une épaisseur de 45 pieds, et
qui, sans doute, était précédé par une avenue de
sphynx en rapport avec ces proportions gigantesques, prépare dignement l'esprit aux splendeurs
que lui réserve l'intérieur du temple. A ce premier
pylône succèdent trois autres portails, séparés
chaque fois par d'immenses cours. L'une d'entre
elles était et est encore couverte, et son plafond,
composé de dalles massives, est supporté par
134 colonnes de 10 mètres de circonférence ; c'est
tout simplement prodigieux! Mais ce n'est pas
tout, car, continuant à suivre l'axe du monument
et après avoir passé entre des statues colossales,
des obélisques de granit et des cariatides de toutes
sortes, on arrive enfin au sanctuaire, entièrement
bâti de gros blocs de granit rouge, et quand,
après tout cela, on se croit au bout, on se trouve
en face d'un nouveau palais, celui de Touthmès III.

Mais aussi dix-neuf siècles s'étaient écoulés

entre le moment où Ousertesen avait fondé le sanctuaire, 2800 ans avant Jésus-Christ, et celui où les rois de la xxII^e dynastie achevèrent le dernier pylône. Le temple de Karnak était en quelque sorte le monument national par excellence, et il est resté debout comme un témoignage de ce que peut faire le bon accord d'un peuple avec ses chefs lorsque, comme cela se faisait en Égypte, contrairement à quelques idées modernes très-vivaces dans certain pays de ma connaissance, la nation poussait son roi vers le bien en lui prodiguant ses témoignages de confiance et en l'exaltant continuellement, plutôt qu'en croyant trouver un levier tout-puissant dans une opposition systématique.

Le seul reproche que l'on puisse faire au temple de Karnak, c'est d'être au niveau de la plaine environnante ; la plate-forme élevée sur laquelle se trouvent les ruines de Baalbec les fait ressortir bien plus et leur assure peut-être l'avantage.

3 décembre.

Nous voici en décembre, et tandis qu'en France mes amis grelottent, il fait tellement chaud sous la latitude de 24 degrés, que c'est seulement vers dix heures du soir que je parviens à trouver assez de fraîcheur pour écrire. Peu s'en faudrait que je ne comprisse la paresse et l'indolence des musulmans, tant sont grandes les séductions du *far-niente* dans de pareils moments. Et cependant cette insouciance des Orientaux dépasse toutes les bornes; croirait-on jamais que j'aie stupéfié le capitaine de notre bateau à vapeur en lui montrant une boussole? Il est vrai que l'aiguille aimantée n'est pas décrite dans le Koran, et le livre sacré est tout pour les musulmans. Ils en suivent les prescriptions avec l'attention la plus scrupuleuse, surtout pour ce qui a rapport aux pratiques extérieures, et c'est ainsi que nous voyons chaque jour, à trois reprises différentes, le matin, à midi et le soir, le capitaine et tous ses matelots ôter leurs souliers, se laver les mains et les pieds, puis, se tournant du côté de la Mecque, réciter leurs prières et se prosterner maintes et maintes fois avec l'humilité la plus profonde.

J'ai eu la patience de lire les 500 pages du Koran, et ce n'est pas sans peine, car si l'on y rencontre fréquemment de très-beaux passages sur l'unité de Dieu, sur la résurrection des morts, sur le jugement dernier et surtout sur les grands principes de la morale, tels que la charité et l'amour de la famille, on est obligé malheureusement de subir, à côté de cela, la répétition constante d'un certain nombre d'histoires de prophètes que Mahomet avait sans doute entendu raconter par les Juifs et qu'il arrange, lui, à sa façon. Quelquefois aussi on y lit les récits les plus amusants : les tentations de Joseph, dans le chapitre xii et la sourate xxiv, où il est question des femmes et d'une aventure qui aurait pu désigner le prophète à la verve gauloise de Molière, sont de véritables contes drolatiques.

On peut accuser la religion que l'ange Gabriel révélait à Mahomet de n'être qu'un mélange des doctrines chrétiennes et juives unies aux traditions orientales ; on peut lui reprocher d'être par trop l'œuvre d'un homme et d'un homme sensuel, mais il faut se garder de nier le mérite de celui qui sut convertir au Dieu unique des populations idolâtres jusque-là, et leur donner l'élan qui les porta si haut durant plusieurs siècles. L'islamisme n'a pas échappé aux dissensions intestines, et il est divisé aujourd'hui en un grand nombre de sectes qui ont plus ou moins altéré la religion primitive; c'est ainsi que la doctrine du fatalisme, si répandue en Orient, n'est nullement enseignée par le livre du Prophète, et que l'intolérance proverbiale des musulmans ne se retrouve guère dans des passages comme le verset 10 du chapitre ii, où, après avoir dit, comme de juste, que sa religion est la meilleure de toutes, Mahomet n'en donne pas moins un grand exemple de largeur d'idées en ajoutant : « Certes, ceux qui ont la foi, qu'ils soient juifs, chrétiens ou sabéens, en un mot, quiconque croit en Dieu et au jugement dernier et qui aura fait le bien, tous ceux-là recevront une récompense de leur Seigneur ; la crainte ne descendra point sur eux et ils ne seront point affligés. » Les musulmans auraient grand besoin de « protestants » qui les ramenassent au texte du Koran.

La soirée que nous avons passée à Esnèh va nous reporter à un ordre d'idées tout différent; Esnèh est, en effet, le pays classique des almées, et l'on manquerait à tous les usages en négligeant d'aller assister à leurs danses. Ce sont de belles filles, élancées et sveltes, couvertes d'étoffes brillantes et surtout d'une profusion de bracelets et de colliers d'or massif du Soudan. Le teint de leurs figures passe du rouge le moins accentué au noir le plus opaque, suivant les races dont elles descendent; leurs yeux sont agrandis par une ligne noire qu'elles peignent sous leurs sourcils, enfin leurs dents sont admirables de blancheur et de régularité. La danse ne consiste ici ni en pas ni en figures, c'est uniquement une suite de mouvements des hanches et des reins qui ne manque pas d'une originalité un peu trop accentuée parfois, lorsque surtout les pé-

ripéties du *scenario* ont fini par ne laisser pour vêtements à ces almées que leurs bijoux.

Eh bien, quelque curieux que soit un pareil
spectale, nous avons été unanimes, mes compagnons et moi, pour lui préférer une simple *fan-
tasia* donnée à la face du ciel, sous un beau clair
de lune, par de braves Nubiens, en l'honneur d'un
mariage, tant il est vrai que les plaisirs déshon-
nêtes laissent toujours après eux un sentiment de
vide et de mécontentement.

Entre Esnèh et Edfou, nous avons aperçu les
deux premiers crocodiles que nous ayons vus sur
le Nil; nous avons tiré sur eux, mais ils étaient
trop loin, et nous les avons manqués, à mon
grand regret. Edfou possède le temple égyptien le
mieux conservé de tous, mais aussi l'un des plus
modernes, puisqu'il ne date que des Ptolémées; il
était jusqu'aux derniers temps enfoui sous les masures du village et n'a été rendu au jour que par
les soins intelligents de M. Mariette. Il est entouré
d'une palissade, et l'on est tout étonné de voir ici
un monument antique qui ne soit pas abandonné
au pillage du premier venu.

Assouan, où nous venons de passer la journée,
est l'extrême frontière méridionale de l'Égypte;
immédiatement au-dessus se trouvent les premières cataractes et commence la Nubie, l'ancienne

et brûlante Éthiopie. Ces cataractes ne sont, à vrai
dire, qu'une série de rapides, mais les blocs gigantesques de granit rose qui les enserrent et les bri-
sent, le désert morne et calme qui les entoure et
le ciel ardent qu'il faut braver, tout cela laisse une
profonde empreinte dans le souvenir du voyageur.
Les Nubiens sont les nageurs les plus hardis que
l'on puisse imaginer ; pour quelques paras, ils se
précipitent dans les tourbillons et, soit à la nage,
soit plutôt encore étendus sur un tronc de palmier, on les voit traverser sains et saufs toute cette
écume.

La petite île de Philæ marque le dernier point
de notre course vers le sud ; elle est couverte de
monuments du temps des Ptolémées, et elle offre
un aspect des plus pittoresques, mais il fait si
chaud que nous songeons avant tout à nous ra-
fraîchir en prenant dans le Nil le meilleur des
bains.

Ce soir, nous venons de faire quelques achats
du pays ; nos Américains, en gens accoutumés à
voyager sans bagage, ne veulent que des choses
très-portatives ; l'un d'eux a donc acheté le costume complet d'une jeune Nubienne, c'est-à-dire
un collier, et l'autre, voulant à toute force pouvoir donner à son retour une idée du vêtement
des garçons de ce pays-ci, a été réduit à couper à

l'un d'eux une mèche de cheveux bien épaisse et
bien crépue.

Demain, nous reprendrons le chemin du Caire,
et, le courant aidant, nous y arriverons en cinq
jours, si tout va bien.

12 décembre.

Dès mon retour au Caire, je suis allé voir les
pyramides. J'ai profité d'un clair de lune radieux
pour me mettre_en route à deux heures du matin,
et je suis arrivé au haut de la pyramide de Chéops
à temps pour assister au lever du soleil. Ce n'est
pas une ascension très-facile que l'escalade de ces
deux ou trois cents gradins dont plusieurs ont jusqu'à un mètre de haut, et elle doit même être pé-
nible à faire pendant la chaleur du jour. Avec la
fraîcheur du matin, au contraire, c'est un plaisir,
et je suis arrivé au sommet dans les meilleures
conditions pour apprécier d'abord mon déjeuner
et puis ensuite le plus beau des spectacles. A mes
pieds, j'avais les sables dorés du désert, remplacés
subitement, le long de la limite des inondations du
Nil, par la verdure la plus fraîche ; çà et là quelques canaux et le fleuve étincelaient sous les premiers rayons du soleil ; à ma gauche s'étendait le
champ de bataille de Bonaparte ; à ma droite,
c'était l'emplacement de l'antique Memphis, et je

voyais tout cela du haut d'un monument vieux de cinquante-quatre siècles !

Tout le monde sait que les pyramides étaient consacrées aux tombeaux des rois pharaons, et que chacun d'eux commençait la sienne dès son avénement au trône, de sorte que plus un règne était long et plus la pyramide prenait des proportions gigantesques. Ce que l'on sait moins, c'est que la construction en était réglée d'après des mesures astronomiques très-intéressantes pour nous ; ainsi, la grande pyramide est exactement par le trentième degré de latitude, ses quatre faces sont orientées aux quatre points cardinaux et ses arêtes pointaient vers Sirius. Cette dernière coïncidence a même permis de reconnaître comme exacte l'époque qu'indiquaient les hiéroglyphes pour le règne de Chéops. Quant à sa hauteur, il y a quelque différence dans les évaluations ; les uns disent qu'elle a 137 mètres, c'est-à-dire 5 mètres de moins que la cathédrale de Strasbourg, les autres lui donnent, au contraire, 143 mètres, et en font, par suite, le monument le plus haut du monde.

24 décembre.

Nous approchons de Bombay, où nous serons demain matin à temps pour passer à terre la journée de Noël. Les premiers jours de notre tra-

versée ont été mauvais; la mer Rouge, ainsi nom-
mée peut-être parce qu'elle est du bleu le plus
pur, ne s'est pas bien conduite à notre égard; elle
a bien conservé sa chaleur traditionnelle, mais
elle s'est départie de son calme ordinaire et nous
a ballottés pendant plusieurs jours d'une façon
très-désagréable. Ce n'est qu'à partir de Périm, ce
nouveau Gibraltar, que chacun a repris un peu ses
esprits, et cela si bien que notre voyage s'achève
au milieu des danses et des représentations de
théâtre.

Une traversée est, à tout prendre, un ennui et
une perte de temps; le roulis, quand il ne rend
pas les gens malades, leur enlève tout au moins
une partie de leurs facultés; on lit peu et l'on ne
travaille guère à bord, et la plus grande ressource,
au milieu de conversations généralement très-
prosaïques, c'est la rencontre par-ci par-là de
quelque personne plus intéressante qui, ayant
beaucoup voyagé, a toujours quelque chose d'instructif ou d'amusant à raconter.

Quelquefois aussi c'est quelque jeune dame que
l'influence enchanteresse d'une tiède soirée rend
expansive, et dont la conversation poétique reflète
fidèlement les rayons discrets, mais attachants, de
la lune qui se joue sur les flots. Plus souvent enfin,
c'est la rêverie solitaire que l'on poursuit dans

le sillage phosphorescent du navire ou dans les étoiles du tropique, et qui insensiblement, mais sû- rement, transporte l'esprit, le cœur et la mémoire au milieu des amis et de la patrie. C'est, comme ce soir, la veille de Noël ou quelque autre souvenir d'enfance ou de jeunesse que l'on tourne et re- tourne, que l'on rumine avec délices.

Mais, si ces moments sont délicieux, ils ne sont, je le répète, que l'exception, et c'est toujours avec grand plaisir qu'après une traversée de douze jours on entend crier : Terre, terre!

CHAPITRE V.

BOMBAY. — LA VILLE ET SES ENVIRONS.
SON IMPORTANCE COMMERCIALE. — LE TOMBEAU
DE VICTOR JACQUEMONT. — LES BAYADÈRES.

5 janvier 1868.

Le jour de Noël, de grand matin, nous jetions l'ancre dans le beau port de Bombay. Je n'y arrivais pas en étranger, beaucoup d'amis m'y attendaient ; je ne débarquais pas en pays inconnu, mon frère l'avait habité pendant deux ans, et ses récits détaillés m'avaient mis au courant de tout. Je vis bientôt arriver à bord l'un de mes amis les plus dévoués, M. Vix, compagnon, il y a quelque huit ou dix ans, d'un de mes voyages en Amérique, et qui dirige aujourd'hui une maison de commerce à Bombay. Nous étions restés deux ans sans nous voir, et, ma foi ! nous nous embrassâmes de tout cœur.

Vix arrivait en tête d'un cortége de natifs désireux de saluer sans retard le frère de M. Jules. Ils

sont bien curieux à voir. Le premier coup d'œil
est infailliblement absorbé par l'énorme turban qui
les garantit du soleil et dont la forme, la couleur et
l'ampleur varient selon la caste et l'emploi du sujet.
Du turban, le regard descend au front tatoué de
dessins rouges, jaunes ou blancs, selon la divinité
sous la protection de laquelle chacun s'est mis
plus spécialement; puis aux oreilles indéfiniment
allongées et déformées par de riches et lourds bijoux. Enfin une tunique blanche, serrée par une
grosse ceinture, descend jusqu'à leurs genoux
par-dessus une espèce de jupe-pantalon d'où sortent leurs pieds nus chaussés de babouches poin-
tues. J'aurais ri volontiers de quelques détails, et
cependant, à tout prendre, je trouvais en eux une
certaine dignité qui me plaisait et qui semble
inhérente aux Orientaux. Je dois ajouter que
j'avais devant moi des hommes des classes les plus
élevées et que ma description ne saurait s'appliquer aux Hindous en général; il faudrait un livre
entier pour décrire tous les costumes, toutes les
physionomies diverses que l'on voit à Bombay,
depuis le paria quasi nu jusqu'au fakir excentrique
ou au riche parsie. L'Inde est tellement gigantesque avec ses 180 millions d'habitants; ses
mœurs, ses religions, ses dialectes sont si différents des nôtres et souvent si impénétrables pour

nous, que, certes, je n'entreprendrai jamais de
traiter ces questions à fond; je me contenterai de
noter dans ce journal, comme je l'ai fait jusqu'ici, mes impressions de chaque jour.

Vix n'habite pas la ville même; sa maison, son
bungalow, comme on dit ici, se trouve à quatre ou
cinq milles sur la colline de Malabar et mérite
une description détaillée, car, si ce n'est peut-être
à Damas, je n'ai vu nulle part d'habitations plus
idéales que les maisons de campagne des environs
de Bombay. Imaginez, sur le penchant d'une colline, un grand jardin où des fleurs brillantes
croissent à l'abri des bananiers et des orangers;
au centre s'élève un pavillon à simple rez-de-
chaussée, où toutes les pièces sont de plain-pied
et communiquent librement et facilement entre
elles. On y pénètre par une large vérandah, où des
fauteuils orientaux et des chaises longues invitent
au doux *far-niente* pendant les heures trop chaudes
de la journée. Le corps de bâtiment principal renferme le salon et la délicieuse salle à manger dont
je parlerai tout à l'heure; à droite est la chambre
à coucher du maître et les bains qui en dépendent; à gauche, la chambre des amis; tout cela
très-vaste, très-aéré, ouvert jour et nuit à la brise
qui passe librement au travers de persiennes légères, car, à Malabar-Hill, on ne sait pas ce que

c'est qu'une fenêtre vitrée. Peu de meubles au salon qui paraît d'autant plus frais à l'œil, mais ces meubles sont en bois noir sculpté à jour selon la mode du pays. Quant à la salle à manger, j'ai dit qu'elle méritait une mention particulière et j'ai hâte d'y arriver. Mahomet n'en eût pas imaginé de meilleure pour son paradis. Ce n'est pas une chambre, ce n'est qu'une vérandah ouverte de trois côtés et dominant les jardins et les pavillons qui couvrent le versant de la colline et descendent jusqu'à la mer, dont la nappe tranquille s'étend à perte de vue. C'est là qu'après une journée de travail il fait bon prendre son repas du soir et prolonger les causeries du dessert, en aspirant la fraîcheur de la nuit et en suivant les reflets de la lune sur la mer ou sur le feuillage des palmiers.

Je suis peut-être trop enthousiaste de Bombay, du moins mes amis d'ici me le reprochent-ils et ne se font-ils pas faute de chercher à me décourager par leurs histoires de serpents cobra-capella ou du danger plus terrible encore que les Européens rencontrent malheureusement dans les maladies de foie si communes ici; je veux bien croire aussi que les mois de janvier et de juillet ne s'y ressemblent pas, mais on aura beau faire, personne ne m'enlèvera le souvenir du ciel transparent et des clairs de lune de Bombay.

Si je voulais me plaindre de quelque chose, ce serait du nombre des domestiques qu'imposent les anciennes coutumes de la Compagnie des Indes et les superstitions des castes hindoues. Vix est certainement parmi les plus modérés; eh bien, il a dix-sept domestiques dans sa maison! L'un est cocher, mais ne consentirait pour rien au monde à donner un coup de brosse à sa voiture; l'autre allume les lampes et ne frotterait jamais un meuble, un troisième enfin n'a d'autre besogne que de promener le chien. Quant à celui qui joue auprès de vous le rôle de valet de chambre, il est constamment collé à vous, pas moyen de s'en débarrasser; il veut vous mettre jusqu'à vos bas, on ne saurait rien concevoir de plus ennuyeux.

Mes amis m'ont déjà conduit un peu partout; j'ai vu les tours du Silence où les parsis exposent leurs morts, que viennent aussitôt dévorer des centaines de gros vautours; j'ai visité l'hôpital des animaux où de pieuses fondations permettent de recevoir gratis et de soigner jusqu'à leur « belle mort » les animaux malades ou trop vieux pour travailler. Cette institution n'est du reste que charité bien entendue de la part des natifs, puisque la croyance hindoue dans la métempsycose leur apprend, on ne peut mieux, à se mettre à la place de ces pauvres bêtes.

Une de mes promenades les plus intéressantes a
eu pour but le village sacré de Walkeshwar, bâti
autour d'un étang que le dieu Rama, septième in-
carnation de Vishnou, creusa d'un seul trait de
son arc puissant et où il fit jaillir l'eau sainte du
Gange. Les Hindous y viennent pour se baigner
et rien n'est pittoresque comme le spectacle de la
foule dévote des fakirs et des fervents, échelonnés
sur les gradins de pierre qui l'entourent.

Tout près de là, j'ai pu prendre une première
idée des superstitions et de l'exaltation curieuse
des Hindous en voyant, accroupi dans le creux
étroit et sombre d'une petite colonne mortuaire,
un fakir tout nu qui passe là sa vie, immobile,
perdu pour tout le monde, le visage immuable-
ment tourné vers l'intérieur de sa prison. J'avoue
que je suis resté confondu; il y a peut-être dans
cet homme un immense mérite religieux; quel
malheur que sa foi ne le pousse pas plutôt à se
dévouer pour ses semblables, à travailler au progrès de l'humanité !

Le bazar de Bombay, très-intéressant, sans
doute, pour les personnes qui viennent d'Europe
directement, perd un peu de son originalité pour
celles qui ont vu le Caire ou Tunis. On ne voit
pas ici les costumes bariolés, les couleurs vives et
brillantes, on n'est pas assourdi en même temps

par les cris de l'Orient proprement dit ; on n'a pas
enfin à se frayer difficilement son chemin au travers d'étroites ruelles : la ville native de Bombay,
quelque populeuse qu'elle soit avec son million
d'habitants, paraît plus calme. Ses rues sont larges et bien aérées, ses boutiques sont vastes, ses
marchands sont doux et tranquilles, et ses costumes, à l'exception du turban, sont tous faits du
même calicot blanc et ne se distinguent à première vue que par le plus ou le moins, depuis les
classes aisées, qui en ont de la tête aux pieds, jusqu'aux parias qui se contentent d'une ficelle et
d'un chiffon.

Les femmes seules varient les couleurs de leurs
vêtements. Ils se composent d'une étroite cami-
sole destinée à soutenir les seins et d'une longue
pièce d'étoffe enroulée et croisée plusieurs fois autour des hanches, de façon à former une espèce de
caleçon collant de l'effet le plus comique ; le dernier bout de cette pièce d'étoffe est ramené jusque
sur la tête en guise d'écharpe. — De cette façon
on voit en elles à l'état de nature leurs jambes
généralement grêles, leurs pieds ornés de lourds
bracelets d'argent, leur taille admirablement for-
mée, leurs beaux cheveux noirs et leur vilaine
figure rendue plus laide encore par les anneaux
d'or et de perles suspendus à leurs narines.

Vix a tenu à me faire voir non-seulement la
ville de Bombay, mais aussi ses environs, et nous
avons vu successivement Mahim, Éléphanta et
Matharan. Mahim est, sur le bord de la mer, une
forêt de cocotiers abritant çà et là quelque hutte
indigène, et offrant le coup d'œil le plus oriental
qui se puisse désirer. J'ai été moins content des grot-
tes d'Éléphanta, dont j'attendais beaucoup et qui
restent bien en arrière des monuments égyptiens.
Le temple d'Éléphanta est certainement curieux en
ce sens qu'il a été creusé entièrement dans le roc
solide, travail gigantesque, surtout avec les moyens
restreints dont on devait disposer alors ; mais deux
choses nuisent considérablement à l'intérêt qu'il
inspire : c'est d'abord l'ignorance complète où l'on
est sur l'époque de sa construction, que cependant
on croit être relativement récente ; c'est ensuite
la complication de cette religion hindoue qui,
partie de l'idée très-simple et très-belle d'un Dieu
unique sous forme d'une Trinité, composée de
Brahma le créateur, Vishnou le conservateur et
Shiva le destructeur, s'est surchargée ensuite d'un
nombre considérable de divinités secondaires et
se perd aujourd'hui, dans la pratique, au milieu
des idoles de toutes sortes et des superstitions les
plus excentriques. Ce que j'y vois de plus clair,
c'est que les prêtres, les brahmines, savent aux

Indes, aussi bien que n'importe où, vivre de l'autel et que malheureusement ce n'est pas seulement en argent qu'ils se font payer.

Matharan est une belle montagne située sur le continent, au milieu de la chaîne des Ghauts. On y respire un air délicieux, à la hauteur de 2,500 pieds, et les beaux points de vue que l'on y découvre, aussi bien que ses sentiers ombragés, en font l'excursion la plus agréable des environs de Bombay. Nous y sommes arrivés le soir, et je conserverai parmi mes meilleurs souvenirs celui de notre montée à cheval, par un de ces clairs de lune qui, au travers des arbres, produisent des effets si tranchés d'ombre épaisse et de lumière brillante. Au milieu du silence de la nuit et sous l'influence des senteurs pénétrantes du jasmin et de l'oranger, mes sens étaient aux Indes, mon esprit et mon cœur en Europe, aux souvenirs du passé, aux espérances de l'avenir : je me sentais vivre !

10 janvier.

Je me suis occupé d'affaires ces derniers jours; j'ai vu le « cotton-green » où se reçoit et se vend en plein air le million de balles de coton que Bombay exporte maintenant chaque année; j'ai visité les presses où on l'emballe, j'ai été présenté aux

principaux négociants et banquiers, aussi bien
natifs qu'européens, j'ai eu l'honneur même d'être
reçu par la Chambre de commerce : partout j'ai
pu me convaincre des magnifiques ressources
qu'offre Bombay au génie commercial de toutes
les nations. Mais ce qu'il faut ici, ce ne sont pas
des gens dont on n'aurait su que faire autre part
ou des aventuriers sans position et sans argent;
ce qu'il faut, ce sont des négociants capables et
intelligents, disposant de bons capitaux ou d'un
grand crédit, décidés à fonder des maisons sérieuses, honorables et durables; ceux-là sont sûrs de
trouver une place pour eux à Bombay!

Et ce n'est pas seulement son présent, c'est
aussi bien son avenir et son passé qu'il est intéressant d'étudier. Son avenir est splendide maintenant que de grandes lignes de chemins de fer,
presque terminées aujourd'hui, vont rayonner de
Bombay sur toutes les provinces de l'Inde : dans
le Deccan jusqu'à Madras, dans les provinces centrales jusqu'à Nagpore et Jubbulpore, dans le nord
jusqu'à Agra, Delhi, et plus tard Lahore, dans le
Bengale jusqu'à Calcutta. Quel champ alors pour
l'échange de plus en plus facile, et par suite de
plus en plus considérable des produits de l'industrie européenne contre les riches récoltes de
l'Inde!

Son passé n'est pas moins remarquable, car il vient d'offrir au monde, il y a quelques années à peine, le ressouvenir du temps de Law et de ses folles spéculations financières. Jusqu'en 1861, en effet, Bombay n'exportait annuellement que 3 ou 400,000 balles de coton, d'une valeur totale de quelque chose comme 60 millions de francs, lorsque la guerre américaine vint priver subitement l'Europe des 4 millions de balles que les États du Sud avaient l'habitude de nous fournir et qui formaient la presque totalité de notre approvisionnement. Une hausse colossale se déclara aussitôt sur les prix : le coton, que l'on payait jusque-là 80 ou 100 roupies, s'éleva jusqu'à 700 roupies, et comme ces prix inespérés stimulaient la culture, Bombay se trouva bientôt exporter annuellement un million de balles d'une valeur totale de 800 millions de francs. Une fortune aussi subite ne pouvait manquer de tourner la tête à bien des gens ; les entreprises les plus folles trouvèrent bientôt les actionnaires les plus enthousiastes ; cinquante nouvelles banques et sociétés financières virent leurs actions monter à des primes fabuleuses avant même qu'elles n'eussent ouvert leurs bureaux, et, pour ne citer qu'un exemple, on vit la Compagnie de Back-Bay, fondée dans le but de combler un bras de mer, vendre ses actions à douze fois leur valeur

nominale. L'argent n'avait plus de valeur ; on rencontrait des natifs, comme M. Roychund-Prem-
chund, que l'on s'accordait à regarder comme
cent fois millionnaires ; on admirait un médecin
européen qui, en donnant des consultations à
quelques-uns des gros financiers, avait su se faire
une douzaine de millions.

Mais ces fortunes étaient bâties sur le sable, et
l'exagération même de la hausse devait sûrement
amener plus tard la baisse et la crise. Il ne fallait qu'une occasion pour cela, et la paix en Amérique donna le signal. Tout croula : les actions
perdirent non-seulement leur prime, mais comme
on avait gaspillé les fonds, elles perdirent encore
toute valeur. Les Back-Bay, vendues un instant à
60,000 roupies l'une, ne trouvent pas d'acheteurs
aujourd'hui à 150 roupies. M. Roychund-Prem-
chund fit faillite pour 150 millions, et il n'a donné
encore aucun dividende quelconque à ses créanciers ; le médecin anglais, plus magnanime, aban-
donna tout son actif : une boîte de médecine et
un parapluie!

Au milieu de tout cela, le sens moral ne pouvait malheureusement que souffrir ; bien des scan-
dales ont eu lieu et leur liquidation pèse encore
lourdement, mais la belle position commerciale
de Bombay et les quelques maisons honorables qui

ne s'étaient pas laissé entraîner ont déjà repris le dessus et assurent son avenir.

12 janvier.

Je tenais à visiter la tombe de Victor Jacquemont et je ne trouvais, à mon grand regret, personne qui sût m'en indiquer la place ; on est venu me dire aujourd'hui qu'elle devait être quelque part dans le cimetière de Girgaum ; j'ai entraîné deux de mes amis français et nous nous sommes mis en quête. Nous avons été assez heureux pour découvrir, après avoir lu plus de deux cents inscriptions, une pierre bien modeste où, sous la poussière et la vétusté, nous avons pu déchiffrer le nom de Jacquemont et la date du 7 décembre 1832. Tous ceux, et le nombre en est grand, je le crois, qui ont lu la correspondance si facile et si intéressante du jeune et infortuné voyageur comprendront que nous ayons eu tous trois la même idée, celle de faire nettoyer cette pierre, en attendant que la bonne pensée vienne un jour au gouvernement français de la remplacer par quelque monument durable.

J'ai fait, hier soir, une promenade bien curieuse dans la ville native. Les Hindous ne vont pas se coucher, comme les Arabes, aussitôt la tombée de la

nuit, et leurs bazars comme leurs bureaux restent
éclairés jusqu'à minuit. Les maisons natives ont
plusieurs étages; ceux d'en haut servent de loge-
ment, le rez-de-chaussée contient d'ordinaire les
magasins et les bureaux. Ces derniers sont installés sous un péristyle ouvert sur la rue et surélevé
de deux ou trois pieds au-dessus du sol ; là se
tiennent les commis accroupis à la turque et in-
scrivant les comptes sur de longs parchemins reliés en maroquin rouge. A l'entrée ou quelquefois
dans un petit réduit latéral, le chef de la maison
donne ses ordres aux courtiers ou cause avec quelques amis nonchalamment étendus sur des coussins. Tout cela, éclairé par les reflets rougeâtres
de l'huile de palme, est très-original. Mais ce qui
m'a le plus intéressé encore, c'était la rue elle-
même, encombrée dans le bazar d'opium par des
milliers de spectateurs qui passent là une partie
de la nuit à jouer sur un véritable Trois pour cent,
car on me dit que les marchands d'opium connaissent les reports et les primes aussi bien que
nos Parisiens les plus hardis.

A peine à quelque cent pas de là, un spectacle
d'une tout autre nature devait nous surprendre :
c'était une prédication musulmane en plein air.
Le muezzin, vénérable vieillard à barbe grise, était
assis sur une table que l'on avait surmontée à la

hâte d'une sorte de dais en mousseline ; de nombreux lampions, posés sur des trépieds en forme
d'ifs, éclairaient vivement toute la scène et nous
permettaient de constater le recueillement de l'au-
ditoire pittoresquement groupé dans les attitudes
les plus diverses. Il n'est rien de nouveau sous le
soleil, me disais-je, en me rappelant les sermons
en plein vent de l'Angleterre ; mais quelle différence entre l'impression que je me souvenais avoir
éprouvée en présence de l'habit noir du clergy-
man, du réverbère contre lequel il s'appuyait, du
cantique qu'il dirigeait d'une voix fausse, et l'effet
que me produisait la mise en scène orientale qui
parlait si vivement à mes sens ! Quel dommage
que le protestantisme ait cru devoir proscrire ainsi
toute influence extérieure !

15 janvier.

Je suis en pleins préparatifs de départ, et je vais
quitter mon cher Bombay ; je m'y suis réellement
attaché. On me dit bien qu'autre chose est d'y passer trois semaines en touriste ou d'y rester quelques années dans les affaires ; je veux bien le
croire, mais, quelques ennuis qu'on y ait, il lui
reste toujours son ciel bleu et sa fraîche verdure.

Une seule chose me manquait : j'allais partir

sans avoir vu les bayadères ! Une fête donnée par
M. Dinshaw-Manockjee-Pitti est venue comme à
point combler hier ce dernier de mes souhaits.
M. Dinshaw, en grand costume de parsie, recevait
ses invités à l'entrée de sa vérandah et les condui-
sait avec tous les honneurs jusque dans une salle
éclairée par mille lumières. Là, un domestique
vous apportait un bouquet et répandait sur vous
quelques gouttes d'eau de rose; puis on offrait du
vin de Champagne aux Européens, du bétel aux
parsies et aux hindous. Quatre bayadères, couvertes de lourds bijoux et de vêtements dorés,
chantaient d'une voix monotone quelque com-
plainte du pays et faisaient de temps en temps un
pas en avant ou accentuaient la mesure en se ba-
lançant sur leurs pieds. C'était là tout, et cela suffit, du 1er janvier au 31 décembre, pour divertir
les natifs et leur faire passer une soirée agréable.
Je m'étais attendu à quelque chose de plus piquant, et j'avoue que je fus désappointé. Dans les
intervalles de repos, on faisait marcher les boîtes
à musique, les oiseaux mécaniques ou le piano
self-acting, qui font plaisir aux Orientaux toujours,
aux Anglais quelquefois, aux Français jamais!

Mais si la fête me laissa froid, j'eus du moins
beaucoup de plaisir à causer avec quelques parsies. C'est là une des classes les plus avancées de

Bombay. Ce ne sont pas des hindous à proprement parler, puisqu'au lieu de révérer Brahma, ils adorent le feu et le soleil comme leurs ancêtres persans et sont, en un mot, de la religion de Zoroastre. Aux Indes, on ne les rencontre du reste qu'à Bombay et à Surate, et ils forment une infime minorité en comparaison des 160 millions d'hindous et des 20 millions de mahométans qui sont répandus dans tout l'empire.

CHAPITRE VI.

AKOLA. — NAGPORE. — VISITE A UN TEMPLE HINDOU.
ALLAHABAD. — QUELQUES MOTS SUR L'HISTOIRE
DE L'INDE. — DELHI.

16 janvier 1868.

J'ai quitté Bombay hier soir.

J'aurais bien aimé traverser pendant le jour la chaîne des Ghauts qui sépare le littoral du plateau élevé de l'Inde centrale, et qui a nécessité pour le chemin de fer de très-grands travaux d'art, mais le train express, le seul que l'on puisse prendre pour arriver jusqu'à Akola, en a décidé autrement.

Je me suis réveillé ce matin au milieu d'un pays plat, poudreux, dépourvu d'arbres et n'offrant au regard qu'une succession de champs médiocrement cultivés. Çà et là quelque terrain en friche venait même prouver que, contrairement à une

7

opinion assez généralement reçue en France, ce
ne sont pas les terres qui manquent ici, mais bien
les bras qui font défaut ; tel est le cas du moins
pour les provinces du centre et le Deccan, et ce
n'est que dans la vallée du Gange que la population devient réellement compacte.

A trois heures de l'après-midi, je me suis arrêté
à Akola, où m'avait donné rendez-vous M. Rivett-
Carnac, le commissaire du gouvernement indien
pour la surveillance et l'encouragement de la culture du coton dans le Bérar et les provinces centrales. Akola, où ne s'élèvent encore que quelques
maisons européennes tout fraîchement bâties, s'occupe déjà d'une exposition des produits du pays :
une exposition et un chemin de fer, cela ne suf-
fit-il pas pour convaincre à première vue du bon
sens pratique que les Anglais apportent à leur colonisation de l'Inde?

M. Rivett-Carnac habite d'ordinaire Nagpore, et
il n'est ici que pour présider aux travaux de l'exposition. Ce n'est donc que sous une tente qu'il
me donne l'hospitalité, mais je ne m'en plains pas,
car il a su trouver le seul joli endroit de tous les
environs. C'est un bouquet de mangoliers séculaires, à l'ombre desquels je me sens délicieusement après le bain froid qui devient si vite une
des nécessités journalières de la vie aux Indes.

Ce campement et le paysage monotone et des-
séché qui nous entoure me reportent à mes souvenirs de la Terre-Sainte ; je ne regrette qu'une
chose, c'est qu'au lieu de l'indépendance que
j'avais là-bas, je me trouve ici l'esclave de l'éti-
quette anglaise ; ne viens-je pas d'apercevoir mon
hôte mettre l'habit à queue et la cravate blanche
sans lesquels un Anglais ne saurait dîner? Un habit à Akola !

18 janvier.

Je viens de serrer la main à M. Rivett-Carnac et
de lui dire au revoir. Au revoir !... où et quand ?
telle est la question que je dois me poser si souvent, quand dans mes voyages je fais quelque connaissance sympathique. Que de fois cette pensée
ne m'a-t-elle pas heurté contre les mystères in-
sondables de la Providence, mais pour me faire
arriver heureusement toujours au même résultat, à une confiance entière dans la bonté de
Dieu !

Nous avons passé deux jours, tantôt à visiter,
dans un de ces chars à bœufs si répandus dans
l'Inde, les marchés de coton des environs, pour
voir les premiers débuts de petits villages qui dans
quelques années seront peut-être de grandes

places d'affaires, tantôt à chevaucher au milieu même des champs où mon hôte enthousiaste voulait me donner sur place tous les détails de la culture. Nous sommes entrés dans les huttes des natifs pour voir nettoyer, filer, tisser, et même imprimer le coton, car, chose assez intéressante, la concurrence de Manchester n'a pas réussi encore à supplanter entièrement le travail manuel. Certains natifs, de ceux que l'on appellerait chez nous de la vieille école, préfèrent payer un peu plus cher de bonnes étoffes faites à la main, plutôt que d'acheter à meilleur marché les produits peu durables que l'Angleterre fabrique spécialement pour l'exportation.

Le Bérar n'appartient pas à proprement parler aux Anglais; son territoire ne leur est que loué par le Nizam, et cela depuis quelques années seulement, en payement d'un corps d'armée que le gouvernement entretient à Hyderabad pour la *protection* du prince. C'est ainsi que procédait presque toujours la Compagnie des Indes avant d'en arriver à une annexion définitive. On commençait par prêter au rajah des troupes anglaises pour le soutenir dans ses guerres contre ses voisins, puis on lui persuadait que sa sécurité exigeait leur séjour auprès de lui, et lorsque l'occasion favorable se présentait, on prenait prétexte des arriérés de solde

inévitables et l'on s'emparait de tout ou de partie
du petit État.

Quoi qu'il en soit de ce procédé jésuitique, il
faut reconnaître qu'en pratique du moins la fin
a justifié jusqu'à un certain point les moyens. Les
populations hindoues sont, en somme, beaucoup
plus heureuses sous la domination anglaise qu'elles
ne l'étaient sous l'oppression de leurs rajahs. Les
classes laborieuses, les commerçants et les cultivateurs ont appris à connaître le bien-être et la
sécurité; les classes élevées seules, telles que celles
des prêtres et des guerriers, regrettent de ne plus
pouvoir se livrer à leurs exactions précédentes, et
s'appuyant sur les préjugés religieux, si profondément enracinés aux Indes, résistent au progrès.
La victoire restera aux Anglais, car ils ont pris les
meilleurs des alliés : les chemins de fer, l'instruction, le commerce !

19 janvier.

Nagpore est à peu près le point central de l'Inde.
C'est une grande ville d'une centaine de mille habitants, et ses rues poudreuses, encombrées de
chars à bœufs, de chameaux et d'éléphants, ses
boutiques tout ouvertes où se fabriquent presque
en plein air les produits de l'industrie native, ses

étoffes, ses bijoux, sa poterie, sa vaisselle de cuivre
et surtout la confection de ces sucreries dont l'Inde
semble si friande, tout cela m'a vivement intéressé.

J'étais accompagné par M. Bloomfield, l'un des
principaux employés du gouvernement, et grâce
à lui j'ai pu enfin pénétrer dans un temple hindou. Il se compose d'un grand jardin planté
d'arbres odoriférants, au milieu desquels s'élèvent
des pavillons de marbre blanc travaillé à jour et
des coupoles en pierre rouge dont les mille sculptures représentent autant de divinités, les unes à
trompe d'éléphant, les autres à plusieurs bras ou
à plusieurs têtes. Tout autour et fermant l'enclos
se trouvent les habitations des brahmines.

Dans l'un de ces pavillons, un des prêtres célé-
brait le culte de son dieu en battant des mains et
en chantant à tue-tête. Contrairement à mon attente, notre présence ne parut nullement le gêner,
pas plus qu'elle n'arrêta les cinq ou six musiciens
qui lui servaient d'orchestre et qui continuèrent à
accompagner sa psalmodie sur les violons et les
tambourins les plus impossibles à décrire.

Bientôt on nous mena sous un dais central et
l'on nous fit asseoir en face des principaux brahmines; le chef nous passa autour du cou et des
poignets des colliers de roses, on nous offrit du

bétel et l'on nous aspergea de senteurs; puis la conversation commença, et sur ma demande, M. Bloomfield parla religion. Les sectateurs de Brahma, comme l'a dit Papi dans ses lettres sur l'Inde, ne reconnaissent, en théorie du moins, qu'un seul Être suprême et ne sont donc pas ido-lâtres dans le sens propre du mot. Ils adorent les images de leurs divinités secondaires exactement comme les catholiques celles de la sainte Vierge, des anges et des saints, et pas autrement. Mais dans la pratique, la masse du peuple en est arrivée, ainsi qu'en d'autres pays, à négliger considérable-ment la théorie et à compliquer chaque jour un peu plus une religion très-simple dans le principe.

Je ne saurais dire combien je rentrai enchanté de notre course : je plains sincèrement ceux qui, pouvant voyager, négligent ou dédaignent de le faire.

21 janvier.

Le réseau complet du chemin de fer de Bombay à Calcutta ne sera terminé que dans deux ans, et c'est en poste que l'on franchit pour le moment les 160 milles qui séparent Nagpore de Jubbulpore. Je suis parti dans les conditions les plus satisfai-santes, seul dans une voiture attelée de deux che-vaux très-convenables; je n'ai toutefois pas été

surpris en voyant bientôt les choses changer de
face. Dès le premier relais, je n'ai plus eu qu'un
cheval, remplacé à son tour par deux bœufs, auxquels j'ai vu un moment, au gué de la Nerbudda,
s'ajouter pittoresquement deux magnifiques buffles, et c'est ainsi que, passant sans cesse d'un
attelage à l'autre, j'ai fini par n'arriver qu'au bout
d'une quarantaine d'heures.

Il y avait deux moyens de prendre la chose : se
fâcher ou en rire, et j'ai eu la chance de me trouver d'assez bonne humeur pour choisir le côté
amusant de toutes ces lenteurs. Les Hindous travaillent très-convenablement une fois qu'ils sont
en train; le point difficile pour eux est de s'y
mettre; il en est de même de leurs chevaux, et je
ne sors pas de la plus stricte vérité en disant que
nous employions quelquefois trois quarts d'heure
à les décider, pour ne mettre ensuite qu'un quart
d'heure à dévorer au grand galop les 5 milles de
notre étape. Le départ donnait lieu aux scènes les
plus comiques : les chevaux, peu dangereux du
reste à cause de leur petite taille, se cabraient,
se jetaient de côté, se couchaient par terre, jusqu'au moment où, lassés par les cris et les efforts
d'une vingtaine d'hommes, on les voyait prendre
subitement, sans transition, le galop le plus fréné-
tique.

Tout cela se faisait au milieu d'une poussière
épaisse dont on peut se faire une idée en se sou-
venant qu'aux Indes, s'il tombe des torrents d'eau
pendant la mousson des mois de juin, juillet et
août, c'est à peine s'il y a quelques ondées tout
exceptionnelles pendant le reste de l'année.

Jubbulpore est connu par les touristes pour ses
Marble-Rocks ; c'est, à une dizaine de milles de la
ville, un endroit fort beau où la rivière de la Nerbudda s'est frayé un passage au travers de deux
parois de marbre blanc.

22 janvier.

Je passe ma soirée aujourd'hui à Allahabad, au
confluent des deux rivières saintes du Gange et de
la Jumma, au centre de cette fertile et populeuse
vallée du Gange qui, longue de 400 à 500 lieues,
compte quelque chose comme 100 millions d'habitants et se couvre chaque année des récoltes les
plus riches. La situation d'Allahabad me semble
des plus importantes ; c'est le point de concentra-
tion des chemins de fer de Bombay, de Delhi et de
Calcutta, et aujourd'hui que la rapidité des communications devient de plus en plus indispen-
sable, je ne serais pas étonné que le gouvernement y transportât un jour sa capitale politique.

J'ai quelques heures devant moi et je ne saurais
mieux faire, je crois, que de les employer à revoir
un peu l'histoire de cet immense empire des Indes.
Les premiers temps en sont comme toujours, mais
ici plus encore que d'ordinaire, obscurs, impossibles à préciser. Nous savons seulement que l'Inde
possède une des religions les plus anciennes du
monde, que les livres sacrés des Hindous, les Védas,
qui sont le fondement du brahmanisme, sont écrits
dans cette langue sanscrite, morte aujourd'hui et
qui, chose singulière, offre de si curieuses analo-
gies avec les idiomes de l'Europe, avec le grec, le
latin, le tudesque. Nous connaissons enfin les lois
de Menou, dont le nom rappelle involontairement
celui de Ménès, lorsque surtout on se souvient de
la grandeur de la vieille Égypte et des rapports
commerciaux qu'elle devait avoir avec les Indes.
Arriverons-nous jamais à recomposer l'histoire de
ces temps antiques, et combien est vaste, en tout
cas, ce champ de recherches, d'études ou de rêveries !

Mais il est un point qui n'offre pas de doute :
l'Inde n'a jamais été conquérante, elle a toujours
servi de proie aux invasions étrangères. Il est des
pays où la fertilité du sol, le climat délicieux, la
douceur de la vie, amollissent et énervent l'homme :
là on voit les familles se restreindre peu à peu, la

population diminuer lentement, mais fatalement.
Il en est d'autres, au contraire, où l'existence plus
rude développe l'énergie du peuple, où les familles
sont nombreuses et s'augmentent sans cesse, jusqu'au moment où l'émigration d'une partie d'entre
elles devient nécessaire, inévitable. On voit alors,
au moment fixé par la Providence, ces peuplades
plus barbares fondre sur leurs voisins amollis et
venir les régénérer en se mêlant à eux. Puis les
envahisseurs subissent à leur tour l'influence du
climat; chose curieuse, ils adoptent les habitudes
des vaincus plutôt qu'ils n'imposent les leurs, et
l'histoire nous montre malheureusement que jusqu'ici ce lent travail des siècles a toujours recom-
mencé pour aboutir chaque fois à un résultat à
peu près pareil. L'humanité finira-t-elle par triom-
pher de ce cours fatal des choses? Je le crois, et j'ai
confiance, quant à moi, dans l'avenir du monde,
pour peu que les hommes sentent de plus en plus
que leur religion ne doit pas consister dans la
vague contemplation des mystères de ce qu'on
appelle la Foi, mais bien dans leur coopération
active, chacun dans la mesure de ses moyens, au
développement de la civilisation et du progrès.

L'Inde a donc été envahie de tout temps; elle
ne pouvait pas l'être autrefois par mer, puisque
alors nous n'avions pas encore transformé en

grandes routes ces océans que les anciens regardaient comme des barrières ; elle ne pouvait pas l'être par le nord, où la protégeait la chaîne infranchissable de l'Himalaya ; c'est par la vallée de l'Indus seule qu'ont débordé successivement les hordes de ces contrées de l'Asie centrale, de ce Turkestan, de cet Afghanistan, de ce Kaboul, que l'on peut à bon droit nommer le foyer des invasions du monde.

La première de ces invasions dont l'histoire ait trouvé quelques traces est celle des Dravidiens ; puis vint, 2 ou 3,000 ans avant Jésus-Christ, celle des Aryens parlant le sanscrit ; puis les Huns blancs, contemporains de notre ère et dont on retrouve la race guerrière dans le Radjpoutana ; enfin, et ce n'est qu'ici que nous commençons à avoir des notions historiques certaines, l'Inde ne pouvait échapper à l'esprit de conquête si remarquable qui, pendant plusieurs siècles, porta dans toutes les directions la doctrine de Mahomet.

Cette implantation des races musulmanes ne s'est pas faite en une fois et tout d'une pièce ; commencée vers l'an 1000 par le sultan Mahmoud venu de Gazna, elle se continua dans les siècles suivants par les Gourides et par les Kharides, enfin elle fut signalée en 1398 par les massacres de Tamerlan, dont les descendants fondèrent définitivement, quelques générations plus tard, l'empire du Grand-Mogol. Cet empire célèbre date de Baber, au commencement du xvie siècle ; il se développa surtout sous le grand Akbar et réalisa durant un siècle et demi tout ce que l'on pouvait rêver d'éclat et de faste. La décadence fatale qu'ont toujours amenée la mollesse et le despotisme de l'Orient montra ses premiers germes dès Aurung-Zeib, et bientôt la terrible incursion du conquérant persan Nadir-Shah, qui, en 1739, saccagea Delhi et en emporta, dit-on, un butin de plusieurs milliards de francs ; puis plus tard les soulèvements des peuplades natives, et particulièrement des Mahrattes, amenèrent le démembrement successif de cet empire, aussi éphémère qu'il avait été brillant.

Les colonies européennes dans l'Inde n'avaient eu jusqu'alors qu'une importance toute secondaire, restreinte à quelques points de la côte. Il était réservé à un Français d'entrevoir le premier la place admirable que nous pouvions prendre dans cette riche contrée : Dupleix sut, vers le milieu du xviiie siècle et avec le seul secours de son génie, devenir le maître de tout le Deccan et mettre ainsi entre les mains de la France l'empire des Indes. Il nous échappa par l'indifférence de Louis XV, et bientôt les Anglais, prenant à leur tour le rôle que nous négligions d'une façon si malheureuse, jetèrent, sous Clive et plus tard sous Warren Hastings, les fondements de leur puissance prodigieuse dans l'Orient.

Aujourd'hui, si quelques rajahs, tels que le Nizam, portent encore le vain titre de roi, on peut dire néanmoins qu'en fait l'Angleterre est souveraine maîtresse des 3 ou 4 millions de kilomètres carrés et des 200 millions d'habitants qui forment la colonie la plus prodigieuse qui se puisse rêver. Et cette colonie est administrée de telle façon que tout observateur impartial ne peut manquer de devenir bientôt enthousiaste. Routes, canaux, chemins de fer, instruction, égalité et justice, les Anglais prodiguent tous ces bienfaits à ces races natives habituées jusqu'alors au despotisme et aux exactions de leurs rajahs. L'esprit de propagande religieuse lui-même, si vivace d'ordinaire chez la race anglo-saxonne, a su céder le pas ici aux exigences pratiques, et ce n'est que sur le bien-être, l'instruction et le développement de la civilisation que se base leur politique, dont les résultats ont été tels, ces dernières années, que nous ne saurions en Europe nous en faire une idée complète.

L'économie politique et l'expérience nous enseignent que la tâche la plus ardue pour l'homme consiste dans la création de ses premiers moyens d'action, dans ce que, dans le langage scientifique, on appelle ses capitaux. Ce premier levier une fois à sa disposition, on voit sa puissance augmenter au point que l'on a pu dire que les capitaux se reproduisaient par leur propre force. Eh bien, l'Inde anglaise est sortie ces dernières années de sa période d'incubation, elle porte aujourd'hui ses fruits et promet surtout des récoltes de plus en plus exubérantes.

25 janvier.

Je suis arrivé hier à Delhi après avoir traversé une bonne portion de cette vallée du Gange, si proprement cultivée, si joliment parsemée de bouquets d'arbres, que par moments je me serais cru en Touraine. Delhi est le centre des populations musulmanes de l'Inde et j'ai retrouvé ici mes impressions du Caire et de Damas; je ne suis plus au milieu des Hindous à demi nus, et qui, dans leur piètre costume, ne connaissent que le calicot blanc, je revois les étoffes brillantes, la gaieté et l'animation des couleurs qui semblent l'apanage de l'islamisme. Je ne vois plus seulement de frêles natifs, à la figure soigneusement rasée, à la peau dûment enduite d'huile de coco, j'éprouve un véritable plaisir à contempler ces barbes incultes, ces figures expressives des sectateurs de Mahomet. Et, au

milieu d'eux, je ne me trompe certainement pas
en distinguant nombre de juifs ! D'où viennent-ils
donc? Ne seraient-ils pas les descendants de ces
tribus qui, lors de la dispersion d'Israël et de la
captivité de Babylone, se dirigèrent vers l'est et
dont l'histoire a perdu la trace?

Peu de villes ont éprouvé autant de vicissitudes
que cette malheureuse Delhi, saccagée sans cesse,
rebâtie toujours. Nulle part surtout on ne peut s'en
rendre mieux compte par l'état des ruines environnantes. Chaque invasion exerçait, en effet,
des ravages tels, que les habitants, au lieu de relever leurs maisons, n'avaient d'autre ressource
que de les rebâtir un peu plus loin. C'était, au
milieu de bien d'autres, tantôt Tamerlan, qui
égorgeait 100,000 captifs sous les murs de la capitale, tantôt Nadir-Shah, qui la livrait au pillage pendant trois jours entiers, si bien que du
haut du minaret où je suis monté aujourd'hui je
n'ai pu voir que des ruines aussi loin que pouvaient s'étendre mes regards.

J'ai remis à demain ma visite à ces ruines et
j'ai consacré mon temps d'aujourd'hui à la ville
actuelle et aux monuments relativement modernes de la dynastie du Grand-Mogol. J'ai vu d'a-
bord la Jumma-Musjid, immense et belle mosquée
en grès rouge, bâtie au milieu du xviie siècle par

Shahjehan. C'est une vaste cour fort élevée au-dessus du sol, entourée de colonnades et relevée, dans l'orientation de la Mecque, par trois grandes coupoles. De larges escaliers, couronnés de beaux portiques, y donnent accès, et je me souviendrai toujours de l'aspect oriental que présentait, à mon arrivée, la foule bigarrée qui montait les gradins.

Le fort de Delhi fait très-bel effet aussi avec ses hautes murailles de grès rouge, gracieusement crénelées dans le style mauresque. C'est ici que se trouvait le palais des Mogols. Il ne consistait pas en un grand bâtiment plus ou moins massif, c'était, au contraire, une série de petits pavillons qui, de loin, n'ont aucune apparence et qu'on ne comprend qu'au moment où on y entre. Imaginez des colonnades de marbre blanc, sur plusieurs rangées de profondeur, où l'air et la lumière pénètrent librement et viennent éclairer de délicieuses incrustations de pierres fines; voyez ce ruisseau d'eau courante qui, dans son canal de marbre, traversait toutes les pièces, depuis la salle de bains jusqu'au harem; représentez-vous tout cela égayé par les riches costumes des courtisans empressés ou par les chants et les rires des houris, et vous comprendrez qu'assis sur un trône de cristal de roche d'un seul morceau, le Grand-Mogol se complût à lire l'inscription enchâssée aux

8

quatre coins de la salle du trône : « S'il est un paradis sur terre, c'est ici, c'est ici! »

Ma journée s'est terminée par l'achat de toutes
sortes de produits du pays et tout particulièrement
d'étoffes de Cachemire, dont Delhi est un des plus
grands entrepôts. Nous nous sommes longtemps
disputés, le marchand et moi, mais je le soup-
çonne d'avoir eu l'avantage, car le plus clair de
la chose a été qu'en fin de compte mon porte-
monnaie s'est vidé pour remplir le sien.

26 janvier.

Nous avons visité aujourd'hui les environs et
tout particulièrement le Kootub; c'est là que se
trouvait la ville du xiiie siècle, et ce qu'il en reste
est des plus curieux. C'est avant tout un immense
minaret, prodigieux dans son genre puisqu'il a
230 pieds de hauteur sur 45 pieds seulement de
circonférence à sa base; son architecture, moitié
hindoue et moitié mauresque, est fort intéressante.
C'est ensuite une mosquée bizarre que l'on n'est
parvenu à s'expliquer qu'au moment où l'on a
deviné que ses colonnades remarquables prove-
naient des vieux temples hindous tombés sous le
fanatisme musulman. Tout cela emprunte un
charme de plus à la végétation qui l'enserre; rien

n'est joli, par exemple, comme de voir au travers des arbres le gracieux portail d'Ala-Ooden.

En revenant, nous avons erré longtemps au milieu des tombeaux qui, chez les musulmans, jouent toujours un si grand rôle. Ici, à l'exemple de ce que nous avons déjà vu en Égypte, les « grands de la terre » faisaient construire leurs tombes de leur vivant; mais, détail bien curieux, loin que cela leur donnât des pensées sérieuses, on les voyait tenir leurs orgies dans la salle même qu'ils destinaient à leur sarcophage. Quelques-uns de ces tombeaux sont remarquables, celui de l'empereur Humayon par sa grandeur, celui de Nizam-Ooden par sa grâce; on dit que ce dernier a été le fondateur de la secte des thugs, ces fameux étrangleurs de l'Inde, et que c'est pour cela que sa tombe est encore si bien entretenue.

J'aurais voulu rentrer à l'hôtel et me reposer un peu après cette journée bien remplie ; j'avoue, en outre, que pour moi le grand intérêt de Delhi réside essentiellement dans l'époque où elle partageait avec Agra l'honneur d'être la capitale de l'empire mogol; mais le major de Kautzon en a décidé autrement en sa qualité d'Anglais, et il m'a fallu avaler sur place toute l'histoire de la révolte de 1857 et de la prise de Delhi, dont les insurgés avaient fait leur forteresse. Or, comme cette in-

surrection me paraît avoir été entièrement militaire et ne pas être provenue d'un sentiment général et national, j'avoue qu'elle me laisse froid.
Pauvre major, pourvu seulement qu'il ne se soit
pas aperçu qu'il prodiguait ses perles à un in-
digne !

CHAPITRE VII.

AGRA. — LE TAJ. — LE FORT. — FUTTEHPORE-SIKRI.
BÉNARÈS. — CALCUTTA. — MADRAS. — GALLE.
COLOMBO. — KANDY ET SON TEMPLE. — LES PLANTATIONS
DE CAFÉ.

28 janvier 1868.

J'ai vu de belles choses dans ma vie ; j'ai vu les chutes du Niagara, les glaciers et les lacs de la Suisse ; j'ai vu Naples, Venise et le Bosphore ; j'ai vu Saint-Pierre, Sainte-Sophie et Notre-Dame ; j'ai vu le *Moïse* de Michel-Ange, les toiles de Raphaël et de Murillo ; j'ai vu les ruines de Baalbec et de Karnak ; j'ai vu l'Acropole, et souvent, en repassant toutes ces beautés dans ma mémoire, j'ai hésité lorsque je me suis demandé si l'une d'elles l'emportait sur les autres. Aujourd'hui j'ai vu le Taj, et toutes mes incertitudes disparaissent, j'ai trouvé la merveille des merveilles.

Et ce ne sont point de longues réflexions ou

une étude approfondie qui me font parler ainsi,
c'est d'instinct en quelque sorte que mon cœur et
mes sens se sont écriés : C'est ici le bijou de toutes
les beautés que Dieu permet à l'homme d'admirer
sur la terre, comme un avant-goût de celles qu'il
trouvera au ciel ! Le dirai-je ? je n'avais encore
pleuré d'émotion qu'une fois, en revoyant les
côtes de France après un an d'absence ; je viens
d'en faire autant sous l'impression que m'a produite le Taj. Lorsque, du sein d'un parc d'arbres
séculaires et de fleurs brillantes comme le sont
seulement les fleurs des Indes, on voit jaillir
cette tombe féerique, dont le marbre, étincelant
de blancheur, se détache sur le plus beau des
ciels bleus, l'esprit ne raisonne pas, le cœur seul
parle.

C'est un poëme, et un poëme d'amour, écrit en
marbre, et dont chaque pierre rend témoignage
de l'affection que Shahjehan portait à sa femme,
la belle Nour-Mahal. L'amour seul pouvait inspirer
une œuvre pareille. L'histoire raconte que la prin-
cesse mourut en couches, après avoir fait pro-
mettre à l'empereur de ne pas se remarier et de
lui construire un tombeau magnifique. Shahjehan
tint parole ; il employa dix-sept années à faire
venir de toutes parts les matériaux nécessaires,
puis sur une plate-forme très-élevée qui fait res-

sortir admirablement les belles proportions de l'édifice et qui devrait servir de modèle à l'immense majorité de nos architectes dont les monuments semblent toujours enterrés, il projeta jusqu'à une hauteur de 200 pieds le marbre et les pierres précieuses. Je défie bien quelqu'un de se placer en face de la coupole et des minarets du Taj sans en revenir meilleur, plus digne, plus désireux de faire le bien !

29 janvier.

J'ai vu, ce matin, l'Etimad-Dowla et la tombe d'Akbar à Secundra. Le célèbre fondateur de l'empire du Grand-Mogol est enterré sous une immense construction de cinq étages ou plutôt de cinq plates-formes superposées, dont la grandeur est fort renommée, me dit-on, mais qui, je l'avoue, ne m'a pas produit beaucoup d'effet; j'avais le cœur trop plein encore de mes impressions du Taj.

Cette après-midi, je suis allé au fort; c'est, comme à Delhi, une colline entourée de murailles de grès rouge, hautes de 60 pieds et surmontées d'une crénelure mauresque. J'ai revu là, mais plus en grand, plus beau et mieux conservé, le palais mogol que j'ai déjà eu l'occasion de décrire à Delhi, et certes on ne saurait imaginer d'habi-

tation plus orientale, plus propre à plonger dans
les béatitudes de la vie contemplative. Ici, c'était
la salle du trône, triple ou quadruple colonnade
de marbre, ouverte d'un côté sur un jardin et de
l'autre sur la Jumma et la verte campagne des
alentours. A droite, c'étaient les appartements de
l'empereur ; à gauche, ceux de ses femmes et leur
salle de bain, dont les parois incrustées de mille
et mille petits miroirs reflétaient à l'infini le scin-
tillement de l'eau courante. Plus loin, enfin, entourée d'écrans de marbre, se trouvait la cour,
pavée en forme de damier colossal, où la tradition
rapporte que le Grand-Mogol jouait aux échecs en
remplaçant les dés par ses jeunes esclaves.

Je verrai toujours devant mes yeux le tableau
que présentait, au travers d'une galerie de marbre
blanc, le soleil couchant colorant d'un rouge vif
l'horizon, la Jumma et le Taj !

30 janvier.

Je suis parti de grand matin pour aller visiter,
à une vingtaine de milles de distance, les ruines
de Futtehpore-Sikri. C'était le Versailles du grand
Akbar, et il semble qu'on y respire le même air
de grandeur et de vanité. Futtehpore-Sikri est
admirablement situé sur une colline qui domine

toute une plaine d'arbres et de verdure, et, si j'en juge par mon expérience d'aujourd'hui, une brise délicieuse doit y régner constamment. Je n'entreprendrai point de décrire ici la succession des palais, des portiques et des mosquées qu'on y voit ; je dirai seulement que tout cela est bâti de ce beau grès rouge si bien adapté au ciel des Indes, et qu'un seul monument y fait exception, pour n'en ressortir que davantage : c'est le tombeau du cheik Sélim-Chisti, dont les parois de marbre blanc, travaillé à jour comme une véritable dentelle, mériteraient d'être célèbres dans le monde entier.

Akbar était très-tolérant ; il avait reçu à sa cour, comme un ami, ce cheik Sélim révéré par les Hindous, et, pour ce qui regarde les chrétiens, il ne s'était pas contenté d'épouser la belle Portugaise, mais encore il s'entretenait volontiers avec les missionnaires. Il leur accorda plusieurs priviléges, et, entre autres, l'établissement d'un couvent et d'une école qui existent encore et que j'ai visités hier. Il était libre penseur, aimait à discuter les questions de philosophie et de religion, et s'était fait construire pour salle de conversation l'édifice le plus original qui se puisse concevoir. Représentez-vous un bâtiment carré, très-élevé et entièrement vide ; l'intérieur forme une seule pièce, au

centre de laquelle s'élève, jusqu'à une hauteur
de 3 ou 4 mètres, une colonne surmontée d'un
large chapiteau; c'est là-haut qu'Akbar avait coutume de s'asseoir sur quelque chose sans doute
comme un fauteuil tournant, car ses interlocuteurs
se tenaient aux quatre coins de la salle sur des sel-
lettes fixées contre le mur à la même élévation que
le trône central. Ce n'est pas mal trouvé pour un
original.

Futtehpore-Sikri, le fort et surtout le Taj font
d'Agra le joyau des villes orientales, et c'est à elle
que le touriste fera bien de consacrer toujours le
plus clair de ses loisirs, d'autant plus que si, pour
ne pas me répéter trop souvent, je n'ai pas parlé
des rues de la ville moderne, elles n'en sont pas
moins parmi les plus intéressantes qui se puissent
voir.

31 janvier.

Je devais partir hier soir, mes paquets étaient
faits, la voiture m'attendait à la porte; j'ai tout
contremandé au dernier moment, l'idée de ne plus
revoir le Taj me rendait le cœur trop gros. Aussi
lui ai-je consacré aujourd'hui toute ma journée,
et c'est du haut d'un des portiques qui donnent
accès dans son jardin que j'écris ces quelques der-

nières lignes d'adieu, de souvenir et d'enthousiasme. La place où je suis est très-élevée, elle
domine les grands arbres dont les cimes semblent
former un océan de verdure, du sein duquel
s'élancent, en face de moi, les blanches coupoles
et les hardis minarets de cette tombe enchanteresse. Çà et là une échappée me permet de voir les
parterres de fleurs éclatantes, ou quelque groupe
de musulmans dont les costumes resplendissent
au soleil ; plus loin, ce sont les eaux sacrées de
la Jumma ; partout c'est cet air transparent, dia-
phane, cette lumière pénétrante que je n'ai encore
vus qu'aux Indes. Mon Dieu ! que c'est beau, que
c'est beau, et que je voudrais être poëte pour
pouvoir chanter ce rêve réalisé !

Je suis particulièrement favorisé aujourd'hui, car
c'est jour de fête pour le Taj ; le rhamadan, le mois
de jeûne des musulmans, vient de finir, et ce peuple
a tellement l'instinct du beau, que c'est naturellement au Taj qu'il accourt pour se réjouir. Chacun
a mis ses habits les plus riches : le jaune, le rouge,
l'orange, les couleurs les plus vives en font les
frais avec les étoffes précieuses de Cachemire. Ici,
entouré de quatre ou cinq gardes du corps, qui
tous ont le sabre au poing, c'est un rajah qui, pour
se donner plus d'importance encore, frappe le pavé
de sa lourde canne à pomme d'or ; là, c'est un

groupe de femmes joyeuses qui se sont parées de
leurs plus beaux atours et qui sont couvertes de
bijoux, depuis leurs pieds nus jusqu'à l'anneau
inévitable qui pend à leurs narines et les défigure
malheureusement. Et, au milieu de tout ce luxe et
de cette gaieté, paraissent de temps en temps,
comme pour faire contraste, les haillons et la
figure couverte de cendres de quelque fakir illu-
miné qui hurle à tue-tête ou se livre aux contor-
sions les plus frénétiques.

Et sur la place qui précède le grand portique
d'entrée le spectacle est peut-être plus animé
encore; là sont mille chariots de toutes formes,
attelés de ces bœufs blancs si bien adaptés au
cachet des Indes, et rien ne saurait décrire le
pêle-mêle pittoresque qui se forme dans cette
cohue lorsqu'elle cherche à faire place au cortège
de musiciens et de gardes d'un rajah.

Agra! Agra! faut-il donc te dire adieu, et sans
doute pour toujours!

2 février.

Un seul jour suffit parfaitement pour voir Bénarès. On trouve à l'hôtel un guide très-intelligent
qui vous raconte de la meilleure grâce qu'en hiver
il gagne beaucoup d'argent en montrant la ville

aux étrangers, et qu'en été, lorsque les affaires ne vont pas, il en est réduit à donner des leçons d'hindoustani aux employés du gouvernement. Il en est donc chez les natifs comme chez nous, le marchand fait fortune, le savant meurt de faim !

Bénarès, me dit mon guide, est pour les Hindous ce qu'est Jérusalem pour les chrétiens ou Rome pour les catholiques. L'Hindou qui se baigne dans les eaux sacrées du Gange, sur les rives particulièrement bénies de Bénarès, est presque certain d'aller, après sa mort, contempler dans le ciel les 33 millions de dieux qui forment en quelque sorte la cour de Brahma, de Vishnou et de Shiva. Aussi la ville sainte est-elle non-seulement très-populeuse, mais encore voit-elle chaque jour des milliers de pèlerins venir se purifier dans ses eaux bienheureuses.

Nous avons pris un bateau et nous nous sommes laissés aller lentement le long de la triple ou quadruple rangée de fidèles qui, pêle-mêle, hommes, femmes et enfants, se baignaient et faisaient leurs prières. J'ai remarqué beaucoup de dévotion, force simagrées, ressemblant étonnamment à des signes de croix, et enfin le chapelet qui, de même que chez nous, semblait servir à compter le nombre des *Ave!* Plusieurs fervents effeuillaient des fleurs; d'autres, plus pratiques, profitaient de l'occasion

pour laver leur linge; çà et là enfin, et strictement
au milieu de la foule, on voyait quelque fils plonger une dernière fois le cadavre de son père,
avant de le placer sur le bûcher qui flambait à
côté. Imaginerait-on jamais spectacle plus étrange!

La rive sur laquelle est bâtie la ville est couverte
de gradins qui facilitent aux fidèles l'accès du
fleuve. De distance en distance de petites plates-
formes, abritées par de larges parasols, servent
d'enseigne aux prêtres brahmines. Plus haut enfin
est le pêle-mêle des temples et surtout des palais
que les riches Hindous se croient en devoir de
posséder dans leur capitale religieuse.

En quittant la rivière, nous avons traversé un
dédale de petites rues, à peine larges d'un à deux
mètres, et nous avons visité les principaux temples.
Je n'ai retenu qu'un seul nom, celui du temple
doré de Vishvesher, et, du reste, ils se ressemblent
tous. C'est une pagode couverte extérieurement
de mille sculptures, et dans l'intérieur de laquelle
on voit la foule couvrir de fleurs d'affreuses idoles
et les arroser d'eau sainte. Il faut presque du courage pour y pénétrer, tant est grand le dégoût
qu'inspire leur malpropreté, et tellement est pé-
nible l'impression qu'on éprouve en face d'une
pareille idolâtrie.

9 février.

J'ai passé les huit derniers jours à Calcutta et je m'embarque maintenant pour Madras et Galle. Je n'ai guère visité les monuments de la ville que les Anglais surnomment la Cité des palais ; leur style britannique ne m'a pas attiré du tout, et j'ai préféré employer tout mon temps à causer avec les négociants et avec quelques-uns des membres du gouvernement.

Plus je vais et plus je suis enthousiaste des progrès qui se font aux Indes. Je ne voudrais cependant pas que l'on me crût partial ou aveugle, car je vois très-bien en même temps les points faibles de la domination anglaise et les mauvais côtés de cette grande colonie. Le revers de la médaille pour l'Inde se trouve surtout dans son climat peu fait pour les Européens et qui, jusqu'ici, a empêché d'y former une race anglo-saxonne propre, comme cela a eu lieu en Amérique et comme cela se fait actuellement en Australie ; ensuite dans le mépris que les Anglais affectent pour la population native, à laquelle ils ne se mêlent pas assez. L'immense majorité, je dirais presque l'unanimité d'entre eux, ne songent qu'au moment où ils auront gagné assez d'argent pour pouvoir rentrer dans la mère patrie, et cela fait que pour contenir

200 millions de natifs, ils ne se trouvent en tout
et pour tout que 150,000, y compris l'armée!

14 février.

Nous sommes arrivés à Madras hier matin après
la plus calme et la plus belle des traversées. Madras n'a littéralement pas de port, et les navires
sont obligés d'ancrer à une certaine distance de sa
côte basse et plate, exposée à tous les vents. Le
débarquement offre toutes sortes de péripéties par
suite des lames qui, toujours, quel que soit du
reste l'état de la mer, viennent se briser sur le
sable et former de grandes nappes d'écume. Les
secousses d'un pareil atterrage auraient bientôt mis
en pièces des bateaux ordinaires, aussi ne se sert-
on pas de simples embarcations clouées ou chevil-
lées, mais bien de barques cousues et élastiques.
On se confie à une vingtaine de natifs, plus noirs
ici et moins habillés encore que dans toutes les
autres présidences, et au milieu de leurs hurle-
ments on se trouve bientôt jeté sur la côte. Pondichéry est dans le même cas que sa voisine anglaise, et l'on s'étonnerait à bon droit du choix de
ces deux points, si l'on ne se rappelait qu'à l'époque
de leur fondation les Européens ne commandaient
pas encore en maîtres aux Indes, et qu'ils étaient
trop heureux de s'établir là où on le leur permettait.

Je n'ai eu que vingt-quatre heures pour me rendre compte de la ville, mais lorsque tout marche convenablement, on est quelquefois étonné de la besogne que l'on peut faire en un seul jour. J'ai passé la majeure partie de mon temps à causer avec les négociants, ce qui est, dans un pays comme les Indes, et avec des gens aussi pratiques que les Anglais, la meilleure manière de se renseigner.

Bien que la ville soit des plus populeuses avec ses 700,000 habitants natifs et bien qu'elle compte environ 4,000 Européens, chiffre relativement considérable, on est beaucoup plus calme ici qu'à Bombay et à Calcutta. Madras ne se trouve pas, comme ces deux villes, concentrer tout le mouvement de sa présidence; elle n'a pas comme Bombay le plus beau port de toute la côte; elle n'est pas comme Calcutta le débouché d'une riche vallée. Ici la capitale n'est pas tout, elle ne fait que partager avec quantité de petits ports qui s'étendent tout le long des deux côtes de Coromandel et de Malabar. A Bombay et à Calcutta une préoccupation domine toutes les autres : on se dépêche de gagner beaucoup d'argent pour rentrer en Angleterre. Ici, il me semble qu'il y a quelque chose de plus créole; on cherche bien à faire fortune, mais on tient aussi à une vie facile; on va très-tard à

son bureau, on en sort de bonne heure ; on veut
avant le dîner du soir avoir le temps de faire pa-
raître son équipage sur l'espèce de Longchamps
où chaque soir la musique sert de rendez-vous au
beau monde ; puis il faut encore passer au club,
car le club de Madras est renommé dans tout
l'Orient ; enfin il faut accorder aussi une grande
demi-heure pour arriver chez soi, parce qu'ici
chaque maison est entourée d'un parc tellement
étendu que la ville européenne se trouve avoir
six ou sept milles de largeur. Ces habitations
sont charmantes, on le devine ; tout y est com-
biné pour arriver au plus grand des comforts, et
si j'ai eu à me plaindre de quelque chose chez
M. Arbuthnot, c'est que l'on ait trop fait pour
moi ; ainsi j'aurais autant aimé ne pas avoir toute
la nuit un malheureux natif à mon chevet pour
m'éventer.

J'aurais été bien content de pouvoir consacrer
quelques jours à une tournée dans l'intérieur de
la présidence de Madras, mais il faut savoir renoncer à quelque chose, sans quoi on n'en finirait
pas. J'aurais surtout désiré voir quelques-uns de
ses vieux temples hindous, mais, dois-je l'avouer?
je suis presque content de n'avoir pas le temps d'aller
jusqu'à Pondichéry, mon cœur saignerait d'avoir
à toucher du doigt la nullité de notre colonie.

17 février.

Notre steamer a jeté l'ancre à Galle hier dimanche. Je me réjouissais de recevoir mes lettres,
mais j'avais compté sans la rigidité anglaise qui,
en dépit de tous mes efforts, m'a remis au lendemain ; on eût considéré comme un péché d'aller
un dimanche au bureau chercher ma correspondance! Si c'est dans les colonies que se font surtout remarquer le bon sens pratique des Anglais
et les résultats admirables auxquels ils arrivent
avec leur principe de la liberté jointe à la respon-
sabilité, il me semble que c'est aussi à l'étranger
que leurs travers paraissent le plus. Ce que l'on
peut surtout leur reprocher, c'est d'abord pour
beaucoup d'entre eux une grande hypocrisie religieuse, c'est ensuite leur déplorable habitude de
croire qu'il ne faut être poli qu'avec ses supé-
rieurs, et que la meilleure manière de prouver
son indépendance, c'est d'être rude et presque
grossier. Or, comme l'amabilité et la politesse
sont plus difficiles encore à désapprendre qu'à
acquérir, il faut plusieurs années de petites expériences à un Français pour arriver à se mettre au
diapason !

Galle est un charmant petit endroit, enfoui au

milieu d'une végétation luxuriante. D'épaisses
forêts de cocotiers envahissent le rivage jusqu'au
bord même de l'eau et il ne faut pas aller bien loin
pour se promener à travers les arbres à pain, les
cannelliers et les muscadiers. Mais si ce port est
très-joli, il est bien mauvais pour les navires, et
l'on s'étonne à bon droit que l'on n'ait pas choisi
plutôt l'admirable baie de Trincomalie, située au
nord-est de l'île.

Le premier aspect de la population de Ceylan
est très-original. Les Singhalais ont l'air de femmes
avec leur peigne sur le sommet de la tête, avec
leurs longs cheveux noués sur la nuque en forme
de chignon, avec, enfin, leur jupon de calicot à
carreaux rouges et blancs ; on ne les distingue de
leurs épouses que parce que celles-ci sont un peu
moins vêtues.

On va de Galle à Colombo en voiture par la
route la plus orientale qui se puisse désirer ;
c'est littéralement une trouée au travers d'une
épaisse forêt de cocotiers et de bananiers. On
aperçoit de temps en temps un coin de la mer, et
si, comme cela a été le cas pour moi, on fait une
partie de la route de jour et le reste pendant la
nuit, on passe successivement par tous les aspects.
De jour, on a la chaleur, la demi-somnolence
qu'elle répand sur toute la nature, la béatitude

que l'on éprouve à reposer ses yeux sur l'ombre
et la verdure ; la nuit, tout se réveille, les oiseaux
chantent, les insectes bruissent, les vers luisants
et les mouches phosphorescentes scintillent et l'on
suit du regard quelques travailleurs qui, la torche
à la main, rejoignent leurs huttes et se perdent
dans les arbres.

Colombo est la capitale politique de l'île, en
même temps qu'elle en est la grande ville d'affaires. Je n'y ai rien vu de remarquable et j'ai
passé du reste la majeure partie de mon temps à
visiter une usine où l'on nettoie le café et où plus
de mille ouvriers, femmes et enfants, travaillent
du matin au soir pour la modique somme de sept
sous par jour ; quelles différences dans les destinées ici-bas !

21 février.

On vient d'ouvrir un chemin de fer entre Colombo et Kandy et le trajet se fait en quatre
heures ; c'est la dernière des voies ferrées que je
rencontrerai sur ma route d'ici longtemps et je me
demande où j'en retrouverai. Kandy est située à
une hauteur de 1,700 pieds, au milieu des montagnes qui occupent tout le centre de l'île ; pour
y arriver, le chemin de fer monte donc presque
constamment et, en plus d'un endroit, il a dû être

taillé dans le roc, sur le bord de précipices de
plusieurs centaines de pieds de profondeur. Mais
si ces passages lui donnent beaucoup de pittoresque, j'ai trouvé plus d'intérêt encore dans les jongles, dans ces forêts quasi vierges qui, des deux
côtés de la voie, forment un fouillis impénétrable
et sont bien l'expression de la végétation prodigieuse que je m'attendais à voir à Ceylan. Toutes
les espèces semblent y être représentées, depuis le
Jack-tree avec ses grandes feuilles sombres et lui-
santes, avec ses fruits aussi gros que des ci-
trouilles, jusqu'à certains arbres entièrement dé-
pourvus de feuilles et surchargés par contre de
fleurs écarlates ; des broussailles et des fougères
de toutes sortes tapissent le sol, tandis que mille
lianes et mille plantes grimpantes relient les arbres les uns aux autres et forment un inextricable
tissu de verdure. C'est un beau tableau ; je ne lui
trouverai qu'un seul défaut, c'est de répondre trop
exactement à toutes les descriptions de nos ro-
manciers et de n'offrir par conséquent pas assez
d'imprévu.

Kandy est gracieusement bâtie dans un vallon
au bord d'un lac ou plutôt d'un grand réservoir
d'eau, entouré de palmiers et d'arbres de toutes
sortes; l'air y est frais et pur, on semble y respi-
rer la santé, et ses habitants sont si aimables que

j'y ai passé quatre jours des plus agréables. Un
de mes meilleurs souvenirs sera celui d'une promenade au jardin botanique de Peradenia, où j'ai
eu un plaisir d'enfant à faire des études pratiques
sur les arbres des tropiques, en cueillant et en
goûtant de tous les produits, depuis les noix de
coco, les amandes, la cannelle, la muscade et la
vanille, jusqu'aux clous de girofle, aux mangos, à
la goyave, au poivre et à l'arbre à pain.

J'ai visité aussi, en compagnie d'un jeune avocat anglais, le fameux temple bouddhiste où l'on
conserve une des dents de Bouddha. Je n'aime pas
d'ordinaire à visiter des temples avec des Anglais;
ils ne savent pas respecter les religions des autres
et se moquent de vous lorsque vous vous décou-
vrez ou que vous ôtez vos souliers. Cette fois-ci
encore j'ai commencé par regretter de ne pas être
venu seul, mais j'avoue que lorsque j'ai vu le sans-
gêne avec lequel les prêtres bouddhistes eux-
mêmes traitent leur culte, j'ai fini par me laisser
aller à rire avec mon ami. Nous avions prévenu
de notre visite et l'on nous attendait. Il était sept
heures du soir et de nombreux lumignons éclairaient
le temple; les prêtres, vêtus d'écharpes jaunes et
la tête entièrement rasée, portaient d'une main
les clefs du trésor et de l'autre les plateaux d'or
où nous aurions à déposer notre offrande. On ou-

vrit plusieurs portes d'un bâtiment fort simple et dont l'architecture ne signifiait pas grand'chose; on nous fit monter un escalier, et là, derrière une grosse grille, nous vîmes plusieurs cloches d'or et d'argent recouvertes de rubis et de topazes. L'une d'elles recouvrait la dent sacrée, mais pour la voir il nous eût fallu un ordre du gouverneur ou peut-être de grosses offres pécuniaires, et j'ai déjà vu tant de ces reliques dans notre bonne Europe que j'y renonçai sans peine. On nous montra ensuite toute une série de bouddhas les mains jointes et les pieds croisés, et devant chacun d'eux le plateau obligé fonctionnait avec la régularité que nous connaissons tous.

Tout à coup le culte de Bouddha commença; c'était une musique impossible, un véritable charivari de grosse caisse et de petite flûte. Mon avocat anglais mis en gaieté s'empara d'un des instruments et, frappant à tort et à travers, se mit de la partie, au grand amusement des prêtres, jusqu'au moment où, voyant que je ne l'approuvais qu'à moitié, il me désarma et me rallia à sa bonne humeur en me jetant à brûle-pourpoint cette phrase que je n'oublierai jamais, tant elle avait d'à-propos et de piquant : « Changez maintenant les rôles et voyez deux Singhalais entrant dans une église catholique en Europe, s'emparant de l'ophicléide et se mêlant de modifier la mesure; quel tableau ne serait-ce pas? »

Le bouddhisme, si j'en juge par le beau livre que sir Emerson Tennent a écrit sur Ceylan, est une religion tout à fait insuffisante pour la masse du peuple. C'est un rationalisme qui, s'appuyant entièrement sur l'idée de la perfectibilité indéfinie de l'homme par lui-même et sur les avantages de la pratique de la vertu, pourrait suffire peut-être aux classes les plus élevées, mais ne saurait lutter victorieusement contre les passions de la multitude. Il faudrait ajouter à cette morale la croyance en Dieu et dans l'immortalité de l'âme, Dieu créateur et miséricordieux d'après les uns, Dieu sauveur selon les autres, mais avant tout Dieu. Or chez les bouddhistes ces notions existent à peine: leur Bouddha n'est considéré que comme le premier homme qui ait atteint la perfection et qui soit conséquemment digne de l'admiration de tous. Quant à ce qui est de la vie future, les bouddhistes croient bien à la métempsycose, mais ils ne voient dans les pérégrinations de l'âme qu'une sorte de fatalité à laquelle on se soustrait d'autant plus rapidement que l'on mène une vie meilleure. De progrès en progrès, l'esprit se purifie; il arrive à la fin de ses désirs et de son existence au moins active, et il entre dans cet état de repos en

quelque sorte léthargique que les bouddhistes désignent sous le nom de Nirvanah et qui, mettant
fin aux misères de l'existence, est pour eux le bonheur suprême.

Il manque à cette religion la foi dans l'avenir et
dans la Divinité, et dans ces conditions, il n'est pas
étonnant que les classes inférieures, sentant le
besoin d'une influence mystérieuse, y aient ajouté
peu à peu le culte des démons qu'ils cherchent à
apaiser par toutes sortes de cérémonies. Les classes supérieures, elles aussi, comprenant l'insuffi-
sance de cette religion trop humaine, ont fini par
emprunter à leurs voisins quelques-unes de leurs
doctrines et se sont divisées en un grand nombre
de sectes. Cela leur a été d'autant plus facile que
le bouddhisme est très-tolérant et qu'il approuve
toutes les religions qui ont pour but l'avancement de la vertu.

Quoi qu'il en soit, le bouddhisme règne encore,
en Chine, au Japon et au Thibet, sur trois cent
cinquante millions d'hommes, soit près du tiers
des habitants du globe, et c'est jusqu'ici la religion
la plus répandue au monde.

Avant de quitter Kandy je suis allé jusqu'à Ram-
boddy, où j'ai visité une plantation de café. Les
terrains les plus favorables à cette culture sont les
sommets et les versants des collines, et leur aspect

général m'a vivement désappointé. Je m'attendais à voir de beaux et grands arbustes, croissant
en liberté avec la vigueur tropicale, et j'ai trouvé
des arbres nains dont on arrête la croissance à une
hauteur de deux à trois pieds au-dessus du sol et
qui sont plantés régulièrement comme l'est la
vigne chez nous. Le feuillage en est d'un très-beau
vert et m'a rappelé notre houx, mais rien n'a pu
m'arracher mon impression première : une plantation régulière, tirée au cordeau, fait mauvais effet
au milieu de la végétation désordonnée de Ceylan.

Mais le côté artistique est ici à laisser en dehors ;
ce qu'il faut voir avant tout, c'est la richesse que
le café apporte dans la colonie, ce sont les beaux
développements de cette culture qui, introduite
pour la première fois dans l'île en 1825, est arrivée aujourd'hui à couvrir 60,000 hectares et à
donner un produit annuel d'une quarantaine de
millions de francs. Ceylan est, après le Brésil et
Java, le troisième des pays producteurs de café, et
son exportation s'élève maintenant à 800,000 quin-
taux par an.

Chose curieuse, les natifs de l'île, les Singhalais, refusent jusqu'ici de travailler sur ces plantations, et ce sont des coolies, venant de la côte de
Coromandel, que les planteurs sont obligés d'employer.

CHAPITRE VIII.

LE DÉTROIT DE MALACCA. — BATAVIA ET L'INTÉRIEUR
DE JAVA. — L'ILE DE SINGAPORE.

3 mars 1868.

J'ai quitté Galle le 23 février, avec la malle anglaise, et, grâce à la mer la plus calme, la seule que j'aime, j'ai fait une charmante traversée jusqu'à Singapore.-Quand le temps est beau, quand, le soir, le ciel étoilé ou la mer phosphorescente vous retiennent sur le pont, il fait bon prolonger sa veillée, soit que l'on s'accoude tout seul en face de la Croix du Sud, soit que l'on disserte tout au long avec quelque passager intéressant. Dans ces voyages de long cours on trouve toujours à qui parler: c'est tantôt le médecin de la cour de Siam, tantôt un négociant établi depuis de longues années en Chine, et l'on ne se contente pas d'effleurer les questions, on a le temps de les discuter à fond.

Nous avons fait escale à Penang, l'une des trois

colonies anglaises qui garnissent le détroit de Malacca. Ce détroit, on le sait, est le grand chemin du
Japon et de la Chine, aussi bien que de Saïgon et
de Siam, et, je l'avoue, j'ai eu le cœur serré lorsque, passant successivement en face de Penang, de
Malacca et de Singapore, j'ai cherché en vain sur
ma carte quelque endroit français où nos navires
pussent se ravitailler en cas de guerre. Si nos bons
rapports actuels avec l'Angleterre devaient jamais
cesser, la grande route nous serait fermée, il nous
faudrait aller bien loin dans le sud chercher un
passage entre les îles de Java et de Sumatra. Je ne
suis pas un homme d'État, Dieu merci! et je puis
exprimer tout simplement les idées que me sug-
gère le plus humble des bons sens; je me demande
donc si maintenant que les pays de l'extrême
Orient prennent chaque jour plus d'importance
pour nous, si, au moment où notre colonie de
Cochinchine paraît grandir et avoir du succès, la
France ne pourrait pas avoir, elle aussi, son point
de relâche dans le détroit de Malacca. Qui sait si la
Hollande ne nous céderait peut-être pas volontiers
une petite île sur la route, les îles Karimon, par
exemple, car elle ne voit sans doute pas d'un œil
tranquille l'Angleterre s'approcher de plus en plus
des Indes néerlandaises?

6 mars.

Ce n'est pas sans raison que l'on représente
l'Amour avec des ailes; nous venons de lui devoir
l'une des traversées les plus rapides qui se soient
jamais faites entre Singapore et Batavia : 53 heures,
y compris deux escales de trois heures chacune, à
Rhio et à Muntok. Notre capitaine était amoureux
et son histoire est intéressante en ce qu'elle contient un curieux exemple d'une coutume qui
n'existe, je crois, qu'en Hollande ; je ne connais
pas d'autre pays où l'on puisse dire que l'on est
marié et que cependant on n'a jamais vu sa femme !
Chacun sait que les Anglais établis dans les possessions éloignées chargent souvent leurs familles de
choisir pour eux en Angleterre une jeune fille qui
se met alors bravement en route toute seule et
qui, le jour de son arrivée aux colonies, ne quitte
le navire que pour se rendre à l'église. Les Hollandais commencèrent par en faire autant; mais soit
qu'ils fussent plus volages ou plus difficiles, il arriva chez eux que plus d'une fois, au moment de
son débarquement, la pauvre fiancée fut laissée
toute penaude. C'est alors que, pour la « sécurité
des familles, » on imagina le mariage *avec le gant :*
le prétendant envoie sa procuration à l'un de ses
amis en Hollande, celui-ci signe le contrat, mais

avec la main gantée, et ce n'est plus avec son nom
de demoiselle, mais bien sous celui de son mari,
que s'embarque la jeune femme. Belle ou laide,
sympathique ou non, il faut la recevoir, et je ne
saurais concevoir de position plus anxieuse que
celle du mari allant à la rencontre d'une femme
qu'il n'a quelquefois jamais vue ou qu'il n'a connue qu'enfant. Notre capitaine était donc marié
avec le gant et, complication stimulante, il avait,
en sortant du port de Batavia pour faire son service régulier entre Java et Singapore, croisé le
navire qui lui amenait sa femme! On comprend
que, dans ces conditions, il fit forcer la machine
et mettre toutes voiles dehors!

La navigation de ces parages est charmante, je
pourrais dire délicieuse; il est des endroits où l'on
n'aperçoit plus d'issue entre les mille îlots de verdure qui s'élancent du sein des eaux, et pour l'Européen, habitué comme moi aux grosses lames de
la Manche et à ses côtes couvertes de galets, les
calmes de l'équateur et la végétation tropicale qui
suspend ses rameaux jusque dans la mer emprun-
tent peut-être un charme de plus à la comparaison. La chaleur n'est pas non plus aussi extrême
qu'on pourrait le croire; il y a presque toujours
sous l'équateur un rideau de nuages qui, depuis
le matin jusqu'au soir, arrête les rayons du soleil

et ne disparaît qu'à la tombée de la nuit. Ce qui fatigue plutôt, c'est l'uniformité de la température : il n'y a guère qu'un degré de différence entre le jour et la nuit, et nous avons eu, tout le temps, de 31 à 32 degrés centigrades.

Nous nous sommes trouvés deux passagers seulement à bord, mais, pour moi, mon compagnon de voyage en valait plusieurs : je ne saurais dire tout le plaisir que j'ai eu à causer avec M. Troplong, consul de France aujourd'hui à Singapore, et qui, depuis quinze ans, a toujours été dans ces contrées. Nul ne les connaît mieux que lui.

9 mars.

Mes premières impressions sur Java n'ont pas été bonnes. La rade de Batavia est affreuse et si peu profonde, que nous avons dû jeter l'ancre presque en pleine mer. Là, nous avons attendu vainement le petit bateau à vapeur qui sert d'omnibus; mais il paraît qu'à six heures du soir il se repose de ses grandes fatigues, car nous avons dû finir par nous confier à quelques bateliers. Nous avons pénétré dans un long canal que nous avons suivi pendant une grande demi-heure pour arriver enfin à la douane où, comme de juste, sous un gouvernement despotique, on a aussitôt consigné mon fusil. Nous n'étions toutefois pas encore rendus à destination ; la ville d'affaires, où se trouve la douane, est si insalubre qu'elle ne consiste guère qu'en bureaux et en magasins, et les maisons d'habitation sont situées à trois ou quatre kilomètres plus avant dans les terres.

Ce n'est qu'en y arrivant que j'ai réussi à reprendre ma bonne humeur, et c'est, du reste, un spectacle enchanteur que celui de ces villas enfouies dans la verdure et bâties à l'ombre d'arbres gigantesques. Nous arrivions au moment où l'on sortait de dîner, et nous pouvions apercevoir encore, dans les salles du fond, les nappes blanches et l'éclat des cristaux, pendant que, sous les vérandas très-larges et brillamment éclairées, les familles, installées autour de tables ou dans des fauteuils de jonc, respiraient tranquillement l'air du soir. Chaque maison offrait ainsi le tableau le plus fidèle d'une scène d'intérieur de la vie hollandaise, rehaussée par la verdure luxuriante de Java ; c'était charmant !

La vie que l'on mène ici fait contraste avec ce que l'on voit dans les colonies anglaises ; là c'est l'activité, c'est le progrès, un peu trop coloré sans doute de mercantilisme et de soif d'argent, mais enfin on y sent que l'on marche en avant ; ici, c'est le *statu quo*, c'est cette douce vie que l'on ob-

tient en cherchant à éviter les difficultés plutôt
qu'à vaincre les obstacles. Je sais bien que beaucoup de personnes appellent cela le bonheur ; il
me semble pourtant qu'au bout d'une longue vie
on doit être heureux surtout des efforts que l'on a
faits pour apporter son obole, quelque infime
qu'elle puisse être, au grand travail de perfectionnement que poursuit la Providence. Quoi
qu'il en soit, on se sent ici dans un autre ordre
d'idées, que je caractériserais volontiers d'un seul
mot en disant que l'un des grands intérêts de la
conversation est de savoir ce qu'a dit M. le
président ou ce que va penser M. le directeur des postes ! Je dois ajouter toutefois, et au
grand avantage des Hollandais, que cela semble
ne pas se faire dans un mauvais esprit ; la société
de Java paraît, au contraire, très-unie : on y est
bien disposé les uns pour les autres, et c'est sans
doute à cela que Batavia doit la réputation d'être
la ville européenne la plus agréable de tout
l'Orient. On s'y réunit beaucoup, on y danse, on
va au théâtre, et partout les étrangers sont bien
reçus et peuvent se livrer au plaisir de parler leur
propre langue, car les Hollandais savent tous le
français, l'anglais et l'allemand.

J'ai passé d'une manière à peu près uniforme
le temps que j'ai consacré à Batavia. Je me levais

de grand matin et j'allais me promener dans ses rues larges et propres, ou bien je suivais le cours de l'un de ses canaux, en assistant curieusement à la toilette de ces Chinois, de ces Javanais et de ces Malais, hommes et femmes, qui trouvent tout naturel de prendre la rue pour chambre de bains. Vers onze heures, je me rendais dans la ville d'affaires pour causer un peu avec les négociants et les entendre d'ordinaire se plaindre de la concurrence que leur fait le gouvernement, car ici le gouvernement est marchand et dans les conditions de quasi-monopole les plus fâcheuses pour le bien général. Enfin mes après-midi et mes soirées se passaient en visites chez les dames ou chez quelques fonctionnaires, ou bien dans le musée si curieux de Batavia, mais le plus souvent en causeries intéressantes avec un homme dont j'ai eu le plus vif plaisir à faire la connaissance, M. Du Chesne de Bellecourt, notre ancien ministre au Japon. J'étais tout oreilles à ses récits, et les heures s'écoulaient beaucoup trop vite à mon gré, lorsqu'il me permettait de lire avec lui quelques unes des belles études qu'il a faites sur l'histoire du Japon, études savantes et d'un immense intérêt, et que malheureusement il ne se décide pas encore à publier.

Je viens de passer quelques jours dans l'intérieur de l'île et je rapporte les meilleurs souvenirs
de cette excursion ravissante. Je craignais un peu
d'éprouver ici le même sentiment qu'à Ceylan,
où, tout en étant content, je n'avais trouvé rien
de plus que ce que je m'attendais à voir, et j'ai
donc eu double plaisir au fur et à mesure que
toutes mes espérances ont été dépassées. Ce n'est
pas qu'il faille chercher à Java le grandiose de la
Suisse ou l'aspect riant de la Méditerranée, le
plus grand intérêt consiste ici dans la richesse
prodigieuse d'une végétation luxuriante, que
quelques contrées de l'Amérique du Sud peuvent
peut-être égaler, que nul pays ne dépasse assurément.

L'île de Java est traversée d'un bout à l'autre
par une longue chaîne de montagnes d'où s'élancent d'innombrables petites vallées, couvertes de
rizières dans le centre, et d'une jongle impénétrable le long de leurs versants. A cette époque de
l'année, chacun de ces vallons ressemble à un
océan de verdure entouré de forêts vierges et par-
semé d'îlots de palmiers ou de bambous, et leur
aspect, un peu uniforme si l'on veut, reste toujours
enchanteur. Çà et là, dans les endroits plus pré-

coces où le riz était mûr, le tableau était égayé
par les moissonneurs qui cueillaient les épis un à
un et en formaient de véritables bouquets, car
c'est strictement ainsi que se fait la récolte. Ces
travailleurs, hommes et femmes, faisaient l'effet
le plus pittoresque avec leurs poitrines nues et
leurs grands chapeaux ronds, bariolés des couleurs
les plus vives, et, en voyant leurs costumes se ré-
duire à une étoffe qui leur ceint les reins, en songeant qu'une poignée de riz assaisonnée de curry
forme toute leur nourriture, je ne sais trop pourquoi l'idée me revenait sans cesse que chez eux les
dépenses d'un ménage ne doivent pas entraver les
mariages d'inclination, et que l'amour n'a pas,
comme chez nous, à compter avec la raison!

Je voyageais d'une façon très-originale. J'avais
dû, pour me conformer aux usages arriérés du
pays, louer une chaise de poste à Batavia et j'allais d'étape en étape, m'informant toujours avec
anxiété si quelque employé du gouvernement,
usant de son privilége, n'avait pas mis l'*embargo*
sur les relais. Je passais, tantôt au grand galop de
six chevaux, à travers de petits villages bien te-
nus où les natifs eux-mêmes ont fini par prendre
goût à l'ordre et à la propreté des Hollandais;
tantôt, lorsqu'il s'agissait de gravir une côte ou
de traverser un défilé, mon attelage se renforçait

de quelques paires de buffles, et j'ai vu un moment
jusqu'à dix buffles et six chevaux s'aligner devant
ma lourde voiture. Partout sur mon passage, les
habitants s'accroupissaient sur leurs talons; c'est
le signe de respect que leur ont enseigné les Hollandais, et Dieu sait si ces derniers y tiennent!...
ne faut-il pas conserver son prestige! Je me rappelle même que chez monsieur l'Assistant-Prési-
dent de Tjandjore les domestiques prenaient cette
humble posture dans les chambres lorsqu'on les
appelait pour leur donner un ordre !

Je me suis arrêté d'abord à Buitenzorg; c'est la
résidence habituelle du gouverneur de Java, et
l'on y visite naturellement son palais et son parc,
ainsi qu'un grand jardin botanique admirablement planté des plus beaux arbres des pays chauds.
J'ai eu plus de plaisir encore à m'asseoir tout
simplement dans un petit pavillon derrière l'hôtel
Bellevue, et à voir couler à mes pieds un torrent
qui traverse toute une plaine de cocotiers, à l'ombre
desquels se cache par-ci par-là quelque case indigène. Pendant que j'étais là, un peu perdu dans
mes rêveries et songeant à la France, j'ai été ramené brusquement aux régions tropicales par une
bande de singes, qui s'est mise à gambader à portée de ma main pour ainsi dire.

Entre Buitenzorg et Tjandjore la route traverse

la passe du Mégamendong, élevée de quatre à cinq mille pieds et fort belle. Lorsque, arrivé tout en haut, on quitte un instant sa voiture pour prendre, au milieu de la forêt séculaire, un délicieux sentier perdu dans un tissu de lianes de toutes sortes, on se trouve tout à coup en face d'un petit lac extraordinaire. C'est plutôt un grand étang, enfoui au fond d'un entonnoir à pic, dont les parois de verdure viennent, sous la forme de bananiers sauvages, d'immenses fougères arborescentes et de lotus aux larges feuilles, se baigner jusque dans ses eaux tranquilles et sévères. Nulle part peut-être je ne me suis senti plus loin du monde et plus près de la nature; le calme, l'immobilité qui m'entouraient faisaient battre mon cœur, et je n'aurais pas été surpris du tout si j'avais vu sortir du fourré quelqu'un des rhinocéros qui habitent ces bords solitaires.

J'ai fait, près de Bandong, l'ascension intéressante du volcan le Takoubamprahoe. Je suis parti de grand matin, accompagné par plusieurs guides, et nous nous sommes bientôt engagés dans une forêt telle, que j'ose à peine la décrire de peur qu'on ne m'accuse d'exagération. C'étaient des arbres gigantesques, reliés entre eux par mille lianes en fleur, et la meilleure idée que je puisse donner de cette végétation prodigieuse est de dire que nous passions quelquefois sous des arches de verdure formées par des fougères de 20 pieds de haut qui se croisaient au-dessus de nous.

Un volcan à Java, et ils y sont nombreux, n'est pas, comme nous nous l'imaginerions en Europe, un cône de cendres aride et nu; ici la végétation est si vivace qu'elle ne cesse que sur les bords mêmes du précipice. Le cratère, ou plutôt les deux cratères du Takoubamprahoe doivent avoir 2 lieues de circonférence et 300 mètres de profondeur; j'y suis descendu pour plonger mon bâton dans l'eau bouillante et pour ramasser quelques morceaux de soufre à moitié fondus; mais lorsqu'il s'est agi de remonter la pente rapide, j'ai eu toutes les peines du monde à m'en tirer : les forces vous manquent dans un pays chaud comme Java.

J'aurais aimé passer quelques jours encore dans les environs de Bandong et pousser même plus loin, mais le temps s'écoulait et il fallait songer au retour ; je me sentais du reste un peu de fièvre et je préférais être prudent. La saison des pluies, qui dure de novembre à fin mars, n'était pas terminée, et rien n'est plus malsain que cette température orageuse. Pour revenir à Batavia j'ai dû reprendre le chemin par lequel j'étais venu, car à Java les routes sont rares. Je me suis arrêté cette fois à Sindanlaya; c'est ce que, dans les pays chauds, on connaît sous le nom d'un *sanitarium*, un endroit élevé où l'air est moins embrasé que dans la plaine et où l'on vient reprendre un peu de vigueur.

J'y ai rencontré un homme dont les renseignements pratiques sont venus corroborer complétement ce que je pensais du système colonial hollandais. Un gouvernement, patriarcal si l'on veut, mais despotique et monopolisateur, peut être, et est, je le crois, bon dans les commencements, mais il faut tâcher d'y substituer à temps le régime de la liberté et de l'initiative individuelle, sous peine de se voir, sans cela, rester bientôt stationnaire. Tant que les colonies de toutes les nations ont été à l'état de première formation, l'ordre et l'esprit de suite des Hollandais, joints à l'immense fertilité du sol, ont pu faire de Java un véritable modèle cité partout; mais aujourd'hui que la vapeur et l'électricité ont changé les lois du monde, aujourd'hui que les idées utilitaires occupent le premier rang et que l'on est d'accord pour dire : « A chacun selon ses œuvres, » le système des corvées et du monopole n'est plus possible, même en Océanie, et ce n'est plus Java, mais bien les possessions anglaises qu'il faut prendre pour exemple.

Un gouvernement colonial doit aujourd'hui s'occuper avant tout de deux choses : favoriser

d'abord l'initiative individuelle, et le ressort bien
simple pour cela c'est une liberté complète, tem-
pérée uniquement par le principe de la responsa-
bilité ; développer ensuite le commerce et l'agriculture, et pour cela faciliter les échanges en
établissant dans toutes les directions des routes,
sinon des chemins de fer ou des bateaux à vapeur.
C'est là ce que j'ai vu faire aux Indes, et les résultats s'y traduisent par une prospérité toujours
croissante, tandis qu'en même temps j'apprenais
à Java que, faute de voies de communication,
nombre de terres très-fertiles restent incultes, et
que, pour ne citer qu'un exemple, pendant que le
riz vaut à Tjandjore 5 florins et à Batavia 7 ou
8 florins, les cultivateurs de certains districts de
l'intérieur du Préanger, à une distance de 50 kilomètres au plus, ne trouvent pas d'acheteurs à des
taux trois ou quatre fois moindres, à cause du
manque de moyens de transport.

L'Angleterre a renoncé à se faire payer une rede-
vance par les Indes et elle voit sa colonie nourrir
chaque année un nombre plus considérable de ses
sujets ; la Hollande a préféré faire sur Java un bé-
néfice de 20 ou 30 millions de florins, bon an mal
an, et je crains bien que, si elle ne change de système, elle ne finisse par tuer sa poule aux œufs d'or.

21 mars.

Je suis à Singapore, attendant le bateau des
Messageries qui doit arriver aujourd'hui ou demain et sur lequel je m'embarquerai pour Saïgon.
Singapore offre quelques ressources et je ne regrette point le temps que j'y ai passé. C'est un
entrepôt par excellence et l'on y peut étudier
aussi bien les hommes de toutes les races que les
affaires de tous les pays. Chinois, Malais, Hindous
et Européens y sont représentés non-seulement
dans leur type primitif, mais encore en cent degrés intermédiaires, et nulle part au monde on
ne peut mieux les comparer. Les Chinois sont les
plus nombreux; ils occupent tout un immense
quartier et l'on dit qu'ils y sont plus de cent mille.
On a plaisir à se promener dans leur ville où, dans
des boutiques ouvertes sur la rue, on les voit tous,
depuis le plus grand jusqu'au plus petit et du matin au soir, activement occupés à leur travail; il
y a de la ressource avec une nation pareille et je
me réjouis d'étudier leur pays. Le commerce de
détail et la petite industrie sont entièrement entre
leurs mains et même plusieurs de leurs riches
négociants savent tenir tête aux Européens pour
les affaires de long cours. Quant aux Hindous, ils
sont plus modestes et surtout plus ignorants; ils

sont généralement ou portefaix ou cochers de
fiacre. Les Malais, eux, sont marins et passablement paresseux.

J'ai fait un jour une jolie course sur la pres-
qu'île de Malacca, en compagnie de deux Français qui allaient y acheter des bois de construction pour l'arsenal de Foo chow. Partis de grand
matin, nous avons traversé toute l'île, pour franchir ensuite l'ancien et beau détroit de Singapore,
et nous sommes allés rendre visite au rajah de
Djohore. C'est un beau garçon et, ce qui vaut
mieux encore, un homme intelligent, avec lequel
nous avons eu plaisir à visiter la nouvelle ville
qu'il bâtit à Tanjampoutrie et qui, grâce à une
grande scierie anglaise et à des bois superbes, se
développe et grandit rapidement. Le rajah nous a
fait voir son tribunal, la prison de ses condamnés
et même son exécuteur des hautes œuvres ; il ne
nous a caché qu'une chose, celle qui peut-être
nous intriguait le plus, ses femmes ! Il nous a
fait les honneurs de la peau d'un tigre qu'on venait de tuer dans les environs ; ces animaux ne
sont pas chose rare ici, du reste, car le chiffre
officiel des hommes mangés par eux, dans la
seule île de Singapore, s'élevait encore il y a peu
d'années à quatre cents par an, et s'il est un peu
moindre aujourd'hui, il est encore suffisant pour

étonner et effrayer bien des personnes. Aussi mes deux compagnons, moins confiants dans leur étoile que je ne le suis dans la mienne, ne parlaient-ils que de cela et dévoraient-ils des yeux les jongles qui bordaient la route !

Nous avons trouvé à Tanjampoutrie un navire français, *la Plata* du Havre, et nous avons déjeuné à bord, en buvant naturellement à la France ; je suis chargé d'aller à mon premier passage en Normandie loger chez la mère Mignot, à Trouville, et lui présenter les amitiés de son fils, second du bâtiment!

CHAPITRE IX.

LA COCHINCHINE FRANÇAISE. — LA COLONIE
DE HONG-KONG.

26 mars 1868.

J'ai fait la traversée de Singapore à Saïgon par un des bateaux des Messageries impériales et je l'ai observé de très-près, désireux que j'étais d'établir une comparaison entre notre ligne française et la compagnie péninsulaire et orientale des Anglais. J'ai eu l'immense plaisir de constater que sous tous les rapports nos navires étaient préférables et j'en fais mon sincère compliment aux Administrateurs des Messageries, d'autant plus que cela n'a pas dû être une petite tâche que d'organiser ce service dans des régions aussi lointaines, au milieu de la prépondérance anglaise, et alors qu'il fallait compter sur un petit nombre de voyageurs français.

Puisque je suis sur ce sujet, je voudrais rendre justice en même temps au gouvernement français pour ce qu'il a fait pendant les dix dernières années dans le but d'ouvrir de plus en plus l'extrême Orient à notre commerce et à notre industrie. Par la création du service des messageries, par l'établissement des agences du comptoir d'escompte, par notre coopération militaire, dans des proportions parfaitement dignes de nous, à toutes les expéditions des Anglais dans les mers de Chine, enfin par la prise de possession de Saïgon, l'Empereur a fait pour la France tout ce qu'il était possible de faire, et je ne saurais réellement que demander de plus. C'est maintenant à la nation française à répondre, à suivre la voie que l'on a jalonnée pour elle. Si elle ne le fait pas, si notre commerce ne se dévoloppe pas dans ces mers-ci, nous ne pourrons pas, je le dis bien haut, nous en consoler en rejetant, comme nous aimons tant à le faire, la faute sur notre gouvernement, nous ne pourrons dire qu'une chose : *nostra culpa!*

Deux jours après avoir quitté Singapore, nous avons passé au milieu des îles françaises de Poulo Condor, et quelques heures plus tard nous sommes arrivés en vue du cap Saint-Jacques, à l'embouchure de la rivière de Saïgon. Là, deux ou trois collines boisées s'élevaient à quelques centaines de pieds au-dessus de l'eau; mais aussitôt que notre navire s'est engagé dans le fleuve, les rives sont

devenues basses et plates. Nous avons fait ainsi
une quarantaine de milles à travers des terres
marécageuses, couvertes aujourd'hui de palétu-
viers, mais qui plus tard formeront sans doute de
magnifiques rizières, et laissant à droite et à
gauche d'innombrables canaux naturels que l'on
nomme ici des arroyos, et qui joignent par mille
branches les grandes rivières du beau delta co-
chinchinois, nous avons suivi le chenal principal,
assez profond partout pour les sept mètres d'eau
que calait *l'Impératrice,* et nous n'avons jeté l'ancre qu'au moment où nous nous sommes trouvés
en face de la ville de Saïgon.

Mes amis me pardonneront si j'entre dans quelques détails, mais il s'agit d'une terre française et
c'est là, je l'espère, une excuse valable. Au moment de nous arrêter, nous avions donc à notre
gauche la ville, que nous voyions s'appuyer à la
fois sur le fleuve et sur un grand arroyo qui s'en-
fonçait dans les terres pour aller rejoindre à quatre ou cinq kilomètres plus loin la place commerciale de Cholen; à notre droite s'étendait une
plaine marécageuse et encore inhabitée, tandis
qu'en amont et en aval de notre bateau une trentaine de trois-mâts, que de nombreux chalands
chargeaient de riz, témoignaient de l'importance
croissante de notre jeune colonie.

Nous avons débarqué dans des bateaux annamites. Ce sont de simples troncs d'arbres creusés,
manœuvrés d'ordinaire par un ménage cochin-
chinois, mari et femme, qui tous deux semblent
passés maîtres dans l'art de ramer. Ces bateaux, recouverts au centre par une espèce de toiture en
feuilles de palmier, sont presque toujours l'unique
demeure de leurs propriétaires. C'est là qu'ils dor-
-ment et qu'ils mangent, qu'ils naissent et qu'ils
meurent, c'est là même qu'ils font leurs prières
superstitieuses devant un petit autel placé dans un
coin, et l'on s'intéresserait certainement à tant de
simplicité, si malheureusement la laideur de cette
race, ses dents noires et ses bouches rougies et déformées par le bétel n'inspiraient avant tout une
certaine répulsion. On a peur aussi de leur malpropreté ; les Annamites sont beaucoup plus vêtus
que les autres peuples des pays chauds, et il
s'ensuit malheureusement que, contrairement à
l'usage de tous les Orientaux, ils ne se lavent presque jamais ; ce serait pour eux un trop grand effort
que d'ôter chaque jour la longue veste ou plutôt
l'espèce de chemise d'étoffe noire qui descend jusqu'à leurs genoux et le large pantalon qu'ils portent par-dessous. Hommes et femmes sont habillés
de même, leurs longs cheveux sont noués également sur la nuque en forme de chignon, et l'on a

quelque peine à les distinguer les uns des autres. Ils sont indistinctement laids, et la seule chose un peu jolie que possèdent les femmes, c'est un grand chapeau rond et creux, fait de feuilles de latanier et dont la forme est fort originale.

Aussitôt à terre, nous nous sommes mis à parcourir la ville, et je n'étonnerai personne en disant qu'il ne faut guère plus d'une heure ou deux pour connaître aujourd'hui les coins et les recoins de cette *capitale* qui, en dehors de l'armée, ne compte encore que 4 ou 500 Européens. Il ne faut pas oublier, en effet, que, s'il y a près de dix ans que nous avons pris Saïgon, notre occupation réelle de la Cochinchine ne date guère que de 1864, et l'on aurait tort de se montrer trop exigeant.

Ma première impression a été bonne : si j'avais pu faire un instant abstraction des uniformes beaucoup trop nombreux qui rappelaient très-mal à propos que la France est avant tout, jusqu'à présent, une puissance militaire, je me serais cru dans le Far-West des États-Unis, assistant à la création d'une ville de l'avenir. J'éprouvais surtout du plaisir à suivre jusqu'au bout ces rues droites et passablement larges, se prolongeant fort avant dans la campagne, au milieu de ce qui aujourd'hui est encore marécages ou broussailles et de ce qui se couvrira d'année en année, je l'espère, d'habitations et de comptoirs.

La plupart des maisons que l'on voit jusqu'ici à Saïgon ne seront sans doute que provisoires ; elles seront remplacées peu à peu, et à mesure que la prospérité augmentera, par des constructions plus importantes, et j'espère bien qu'alors nos colons prendront exemple sur les Anglais et les Hollandais, et que, se rappelant que le ciel des tropiques exige des précautions spéciales, ils remplaceront leurs murs blancs et plats par de larges verandas entourées elles-mêmes de quelques arbres.

5 avril.

Voici dix jours que je n'ai ouvert mon journal, tant j'ai été bien reçu à Saïgon, et tant j'ai eu de choses à y étudier ou à discuter.

J'ai fait quelques courses dans les environs, dans la vallée du Goviap, au tombeau élevé par les Annamites à l'évêque d'Adran, enfin à la ville chinoise de Cholen, le grand entrepôt des produits de la Cochinchine. Ce Cholen est très-intéressant à visiter ; c'est là que les barques de l'intérieur apportent leurs chargements de riz, de poisson sec ou de produits divers, et qu'elles prennent par contre quelques-unes de nos marchandises européennes. C'est une animation des plus curieuses, car, tandis que le long des bords de l'Arroyo les embarcations se pressent par milliers, couvertes d'Annamites et de Cambodgiens, on voit sur les quais toute une armée de Chinois qui transportent les marchandises dans leurs magasins étincelants d'affiches et de réclames brillantes.

Les Chinois ne sont pas quarante mille dans toute la Cochinchine, et déjà leur génie commercial a réussi à les faire les intermédiaires obligés entre les Annamites et l'exportation au long cours. Et non-seulement cela, mais ce sont encore eux qui, faisant concurrence à nos négociants européens, exportent jusqu'ici plus de la moitié de nos riz et vont acheter à Singapour la plus grande partie des produits manufacturés qu'emploie la colonie. Aussi plus je vois cette race infatigable, et plus je lui trouve de ressources ; il me semble que pour un peuple pareil le jour d'une régénérescence politique ne peut pas tarder ; mais si j'en crois ce que l'on dit partout, il faudra que cette régénération soit en même temps morale, car les Chinois ont, à côté de bien des qualités, quelques vices affreux.

Les environs immédiats de Saïgon ne sont pas beaux, le sol est relativement peu fertile, et j'ai beaucoup regretté de ne pas pouvoir aller visiter

les magnifiques provinces de Mytho, de Vinh-Long,
le Cambodge et les terres si riches de Bienhoa
et de Baria. J'aurais aimé voir de mes propres
yeux, tandis qu'il ma fallu, sous ce rapport, me
contenter des descriptions des autres, descriptions
heureusement unanimes dans leur enthousiasme
pour la fertilité de notre colonie. La Cochinchine,
à côté de ses rizières si productives et qui l'an dernier ont permis l'exportation de 200,000 tonneaux
de riz, semble une terre privilégiée pour les cultures les plus riches, pour le mûrier et l'élève du
ver à soie, pour le tabac, pour la canne à sucre,
le coton et le china-grass, pour le cocotier si avan-
tageux. Toutes ces cultures ne se font encore que
sur une petite échelle, juste assez pour prouver
leur réussite; il s'agirait maintenant de les développer, car non-seulement elles enrichiraient le
pays, mais encore elles donneraient un grand aliment au commerce européen. La soie particulièrement, qui semble faite pour ces pays-ci, devrait
prendre le premier rang dans une colonie française, et chercher à approvisionner notre industrie
nationale par excellence.

Tout le monde est à peu près d'accord sur ces
prémisses, tout le monde reconnaît les ressources
de la Cochinchine; c'est dans les moyens de les développer que les opinions commencent à s'écarter

et diffèrent souvent complétement. Si mes amis ne
craignent pas de me voir entrer dans quelques
détails, je vais examiner aussi rapidement que
possible ce qui a été fait jusqu'ici, et donner sur
ce qu'il reste à faire mon opinion toute franche
et toute simple.

Nous avons trouvé en Cochinchine un peuple
essentiellement cultivateur, doux, facile à conduire,
même par des étrangers, animé qu'il est de l'esprit
de clocher beaucoup plus que de la fibre patrioti-
que. La patrie n'est qu'au second rang chez les
Annamites, la commune est tout, et il faut dire
que leur système communal est des mieux conçus.
Nous avons eu le bon sens politique de respecter
cette organisation, de reconnaître les maires et les
notables, de leur laisser toute indépendance pour
les affaires intérieures et de nous contenter de faire
représenter auprès d'eux notre administration par
des inspecteurs des affaires indigènes, chargés
de la surveillance des impôts, du maintien de l'ordre, de la justice et, en un mot, de la haute administration. Ces inspecteurs, tous Européens,
bien entendu, peuvent se comparer à nos préfets,
avec cette différence qu'ils ont en même temps les
fonctions de juges et, à l'occasion, celles de chefs
d'une milice indigène que nous avons déjà pu organiser et qui donne de très-bons résultats. Il y

en a jusqu'à présent 1 par 70 ou 80,000 âmes,
c'est-à-dire qu'ils sont 29 pour toute la Cochinchine, et ils dépendent d'un directeur de l'intérieur établi à Saïgon, et qui lui-même relève·
directement et sans intermédiaire de la personne
du gouverneur.

C'est là un rouage excellent, et je ne saurais en
imaginer de meilleur..., à une condition toutefois,
et une condition *sine quâ non,* c'est que les inspecteurs, qui cumulent des fonctions si diverses et si
importantes, soient bien préparés pour cette haute
position. En Angleterre et en Hollande, il y a des
écoles spéciales pour former les fonctionnaires des
colonies; en France, nous n'avons encore rien de
pareil, et lorsqu'il s'est agi d'organiser la Cochinchine, le gouverneur, membre lui-même de la
marine, n'a rien vu de mieux à faire que de les
recruter parmi ses officiers. On prend donc quelques enseignes de vaisseau et quelques officiers
d'infanterie de marine, on leur fait faire un petit
stage de quelques mois et on les lance dans une
carrière toute nouvelle pour eux. Ils y déploient,
la plupart du temps, beaucoup de bonne volonté
et un grand patriotisme; mais qu'arrive-t-il neuf
fois sur dix? c'est qu'au moment où ils commencent
à être bien au fait de leur charge, au moment où
ils parlent un peu l'annamite et peuvent rendre de

véritables services, une promotion, un avancement dans leur corps les fait rentrer dans la marine et quitter la Cochinchine.

Devant ces considérations, lorsqu'on se rappelle qu'une colonie doit appartenir avant tout à l'agriculture et au commerce, il est vivement à souhaiter que le régime militaire, bon dans les premiers temps, fasse bientôt place à une administration civile, que l'on établisse en France une école pour des jeunes gens qui verraient dans l'inspection des affaires indigènes, non pas une position temporaire, mais bien une carrière définitive, pouvant les mener jusqu'au grade de directeur et même de gouverneur, et leur assurant en tout cas, après une quinzaine d'années de loyaux services, une pension de retraite parfaitement méritée et dont les Indes et Java nous donnent du reste l'exemple.

Si, après avoir envisagé ainsi l'administration intérieure de la Cochinchine, j'examine maintenant ce que son gouvernement y a fait pour le commerce, je n'aurai qu'une phrase à dire et cette seule phrase renfermera l'éloge le plus chaleureux que je puisse lui adresser. En déclarant le commerce libre de tout droit et de toute entrave, en ouvrant la Cochinchine à toutes les nations et à tous les produits, en déclinant toute intervention de sa part, le gouvernement s'est inspiré des plus saines doctrines de l'économie politique, et je ne saurais trop l'en féliciter. J'ai rencontré à Saïgon, parmi les négociants français, bien des impatiences, quelques défaillances même : Le gouvernement ne nous soutient pas ! entendais-je dire. Je ne pouvais m'empêcher de répondre tout bas : Grands enfants que vous êtes, vous demandez bruyamment la-liberté politique en France, et ici vous avez peur de sa sœur cadette, la liberté commerciale; vous vous plaignez, et je fais chorus avec vous, que dans notre patrie nous sommes dans les langes de l'administration ; prouvez avant tout, puisqu'ici vous en avez l'occasion, que votre initiative individuelle sait se conduire par elle-même !

Mais si je bats des mains lorsque je vois le gouvernement repousser toute ingérence dans le commerce, il est un point où je regrette de ne pas trouver son concours au moins indirect. L'exportation des riz, se faisant en majeure partie sur la Chine, se trouve plutôt entre les mains des Chinois, et le commerce européen ne pourra prendre une grande extension que lorsqu'il se sera créé dans la colonie une culture riche, comme la soie, par exemple. Je voudrais que l'on encourageât cette culture et que le gouvernement ne se tînt pas,

pour la question agricole, aussi absolument à l'é-
cart qu'il le fait pour le commerce.

Son point de départ a été excellent; il a reconnu
aux Annamites la propriété des terres qu'ils occu-
paient à notre arrivée, et il s'est réservé les immenses surfaces que le manque de population
empêchait encore de cultiver. Ces terrains, il
les offre à quiconque se présente, moyennant le
prix d'achat très-raisonnable d'environ 15 francs
par hectare, droits d'enregistrement compris,
puis il laisse l'acquéreur parfaitement libre d'en
faire ce qu'il veut. Jusqu'ici rien de mieux, et
quelle différence avec les concessions soi-disant
gratuites de l'Algérie, et que mille conditions
impossibles viennent rendre intolérables! Mais
le rôle du gouvernement ne devrait pas, il me
semble, se borner à attendre les acheteurs, il
devrait s'étendre jusqu'à les attirer. Nous avons,
en effet, en Cochinchine assez de terres riches
et fertiles pour que nos limites actuelles puissent contenir cinq ou six millions d'habitants,
et nous n'en avons encore que deux millions à
deux millions et demi. Pour accroître cette population, que pourrait-on faire de mieux que de
faire appel, par un peu de publicité en Chine, à
cette race laborieuse que nous avons à nos portes
et qui, arrivée au chiffre de trois à quatre cent

millions d'âmes, déborde de toutes parts de ses frontières?

Ne pourrait-on pas aussi, pour hâter le développement agricole et par suite commercial, créer des agents spéciaux sur le modèle de ce que j'ai vu pratiquer avec grand succès aux Indes anglaises? Lorsque la guerre américaine vint imposer à l'Angleterre l'obligation de développer rapidement la culture cotonnière aux Indes, on nomma quelques commissaires chargés d'aller dans les campagnes engager les paysans à planter du coton, leur indiquer les avantages qu'ils y trouveraient, leur donner des directions et même leur fournir gratuitement des graines; pourquoi n'en ferait-on pas autant chez nous pour la soie?

En résumé, je dirai : la Cochinchine nous offre de grandes ressources, on y a fait beaucoup déjà, mais il reste encore beaucoup à y faire. Nous y avons marché aussi vite qu'on pouvait raisonnablement le demander; mais, pour faire un nouveau pas en avant, il sera bientôt temps que le régime civil prenne la place du pouvoir militaire, et surtout que la nation française vienne en aide à son gouvernement en lui apportant le concours de son initiative individuelle et de ses capitaux.

Je ne voudrais pas terminer sans avoir rendu

hommage et justice à l'amiral de la Grandière, que je nommerais volontiers le Père de la Cochinchine. C'est assurément à sa fermeté, à sa prudence et à son esprit de suite que nous devons la conservation et l'avancement de notre colonie, en même temps que le charme et l'extrême distinction de sa famille se répandaient sur tout Saïgon. Je penserai souvent aussi aux amis qui m'ont si bien reçu en Cochinchine et qui, soit que leur nom fût Vial, Turc, Daler ou Brossard de Corbigny, avaient le don de me faire oublier par leurs conversations intéressantes la chaleur affreuse qu'il fait ici dès le mois d'avril.

19 avril.

Hong-Kong est avant tou une place d'affaires, et c'est à ce titre seul qu'elle intéresse l'immense majorité des gens qui y passent; je serais tenté, quant à moi, de la célébrer en même temps comme une des plus belles victoires qu'aient jamais remportées l'énergie et la persévérance humaines.

C'était, jusqu'en 1841, une île de granit, aride et escarpée, offrant pour seul avantage extérieur quelques sources de bonne eau où les navires venaient parfois se ravitailler. Mais cette montagne

déserte et brûlée abritait un beau port, elle se
trouvait vis-à-vis de l'embouchure de la rivière de
Canton, elle était en quelque sorte la première
terre que les navires européens rencontrassent en
entrant dans les mers de Chine, et les Anglais su-
rent comprendre tout le parti qu'on pouvait en
tirer. Ils ne se laissèrent arrêter ni par son insalu-
brité terrible ni par les ravages de la piraterie chinoise, et, appelant à leur aide l'influence toute-
puissante de la liberté du commerce , ils déclarèrent Hong-Kong port franc, et réussirent à en faire
en peu de temps le grand entrepôt où viennent
s'approvisionner les provinces du sud de l'empire.
Aujourd'hui , sur les pentes abruptes du pic Victo-
ria, les maisons s'étagent chaque année plus nombreuses, elles sont habitées par 3,000 Européens
(et c'est un gros chiffre pour l'extrême Orient), en
même temps que par plus de 120,000 Chinois, et
chaque jour voit augmenter le nombre des bateaux
à vapeur qui sillonnent sa rade.

Une seule ombre vient obscurcir ce brillant tableau et même le ternir de la façon la plus triste :
c'est l'affreux commerce d'opium sur lequel a été
fondée la plus grande partie de cette prospérité.
Hélas! faudra-t-il donc trouver toujours dans ce
bas monde le mal si près du bien, et n'est-il pas dé-
solant de remarquer, lorsqu'on parcourt quelques

tableaux statistiques, que sur le milliard d'affaires faites par les Européens en Chine, l'opium figure pour le chiffre affligeant de plus de 300 millions de francs !

CHAPITRE X.

CANTON. — MACAO. — SANGHAE. — LE YANGTSE-KIANG.
HANKOW.

21 avril 1868.

Nous nous imaginons, en Europe, que Canton et Hong-Kong sont proches voisines et qu'il n'y a qu'un pas à faire pour se rendre de l'une à l'autre. Ce pas est bel et bien d'une trentaine de lieues, et pour raccourcir la distance, il faut toute la vitesse et tout le confort des bateaux à vapeur américains. On navigue pendant assez longtemps dans un golfe profond, et ce n'est qu'après avoir passé les forts du Bogue que l'on entre réellement dans la belle rivière de Qwan-Toung. Là, le paysage prend un aspect des plus riches, et l'on se sent vraiment en Chine en voyant les cultures si bien soignées sur les bords du fleuve et, pour arrière-plan, quelques collines déboisées surmontées çà et là de hautes pagodes.

On arrive à Canton au travers d'une flotte innombrable de jonques et d'une vraie forêt de mâts
et de voiles, et l'animation de cette rivière est
certes un des spectacles qui se gravent le plus profondément dans le souvenir du voyageur. Toutes
les formes de bateaux y sont représentées, et par
milliers, depuis la jonque mandarine éclatante de
bannières, jusqu'au modeste sampan qui joue sur
le fleuve le rôle de nos fiacres; depuis les longues
barques de commerce, que l'on reconnaît surtout
au déploiement d'artillerie qu'elles affectent sur
leur pont, afin d'effrayer les pirates, jusqu'au tronc
d'arbre creusé qui sert d'échoppe au marchand
ambulant; depuis, enfin, les bateaux-omnibus qui,
des points les plus reculés des provinces de Quan-
toung et de Quangsi, amènent les voyageurs, jusqu'aux bateaux-fleurs qui cherchent à les retenir
le plus longtemps possible dans la cité des fêtes et
des plaisirs. On ne sait de quel côté tourner plus
particulièrement ses regards, et l'on finit pourtant
par les fixer sur les coiffures pyramidales, mais
gracieuses, sur les jolies bouches et sur les dents
ravissantes des femmes qui forment exclusivement
l'équipage des sampans, tandis que les hommes
s'adonnent plutôt à la pêche ou à la grande navigation côtière.

Mes amis de Hong-Kong m'avaient recommandé

un Français, M. Legrand, qui, depuis onze ans,
réside à Canton et qui, après avoir fait partie de la
police pendant l'occupation de la ville par les
troupes anglo-françaises, a cherché à s'établir ici
comme négociant, et n'a malheureusement pas
réussi; de sorte qu'en descendant chez lui on n'a
pas seulement le meilleur des cicérones, puisqu'il
parle couramment le chinois, mais on vient encore
en aide à un compatriote. On m'avait écrit son
nom et son adresse en chinois, et je tenais ce papier à la main, cherchant des yeux un lettré quelconque, lorsque je fus bien surpris de voir le
coulie qui avait fait main basse sur mon bagage me
faire comprendre qu'il savait où il fallait aller,
qu'il avait lu ma feuille de route. J'avais affaire à
un homme demi-nu, et il savait lire... En pourrait-on dire autant de beaucoup de nos pays du sévère Occident? La maison de M. Legrand donne
sur la rivière, et, du haut de son perron, je puis
assister tranquillement à tout le mouvement des
bateaux et m'accoutumer peu à peu au bruit du
tam-tam et des pétards, qui semblent jouer le plus
grand rôle dans la liste des plaisirs chinois.

Canton a la réputation d'être la ville de Chine la
plus riche, la plus brillante et la plus curieuse à
visiter; elle est intéressante aussi pour nous par
ses souvenirs. Après l'expulsion des jésuites et jus-

qu'il y a vingt-cinq ans à peine, elle a été, pendant plus d'un siècle, le seul point de contact entre l'Europe et le Céleste Empire, car je fais abstraction de Macao, qu'il faut considérer plutôt comme une place portugaise et qui, du reste, proche voisine de Canton, en formait en quelque sorte le poste avancé.

C'est ici que quelques Européens, et tout spécialement les agents de la grande Compagnie des Indes, venaient acheter le peu de thé que l'Angleterre consommait encore, les soies et les porcelaines auxquelles nous attachions tant de prix. Nous y apportions en échange quelques produits manufacturés, et les Indes surtout employaient tous les moyens, licites ou non, pour y introduire leur opium maudit. Nos marchands ne pouvaient pas pénétrer dans la ville proprement dite, ils étaient relégués dans la Factorerie, et il ne nous était permis de trafiquer qu'avec la classe privilégiée des Hongs, que l'empereur de la Chine avait chargée des rapports avec nous, en la rendant responsable de notre conduite... Triste preuve de l'opinion que l'on avait des *barbares occidentaux !*

Ce commerce international, bien restreint encore, si on le compare aux proportions qu'il a prises depuis, avait du moins l'avantage pour Can-

ton de se traiter exclusivement par son entremise
et d'en faire le grand port de l'empire. Cela a
changé depuis : la guerre de l'opium de 1840 à
1842; la création de Hong-Kong qui en fut la
suite, en même temps que l'ouverture des ports de
Shang-haï, de Ning-pô, de Fou-chow et d'Amoy;
puis, plus tard, de 1857 à 1860, l'occupation de la
cité par les forces anglo-françaises, l'accès de plusieurs nouvelles places et particulièrement des
grands entrepôts de Yang-tse-Kiang : tout cela est
venu détrôner peu à peu Canton. C'est toujours aux
yeux des Chinois la ville du luxe, ce n'est plus le
centre des affaires européennes, et il faut y venir
maintenant beaucoup plus en touriste qu'en négociant.

22 avril.

M. Legrand est matinal; nous partons donc de
bonne heure et nous commençons par remonter la
rivière au milieu de la ville flottante que je n'avais
qu'entrevue hier et qui dépasse encore aujour-
d'hui mes premières appréciations. Mon cicérone
estime à quarante mille le chiffre des gens qui de-
meurent sur le fleuve, vivant dans leurs bateaux
comme d'autres habitent des maisons.

Nous rencontrons à notre droite la concession

européenne de Shamien, admirablement située,
mais où, à mon grand chagrin, je ne vois pour la
part de la France qu'un vaste carré vide et désert
qui, comme sœur Anne, attend vainement l'arrivée
de quelque maison de commerce française et ne
voit rien venir. N'est-il pas honteux que nos jeunes
gens n'aient pas encore su prendre leur place à
côté des Anglais, des Allemands et des Américains,
dans ce beau commerce de la Chine!

Au bout d'une heure nous laissons derrière nous
les faubourgs de la grande cité, et nous arrivons
aux jardins de Fatim; c'est le quartier des horti-
culteurs, et l'on sait quelle importance les Chinois
attachent à leurs arbres-nains, taillés en forme
de chiens, de démons, de cerfs, de bateaux, et qui
sont réellement curieux à voir... une fois du
moins.

Après le déjeuner, nous pénétrons dans la ville;
nous traversons deux murailles successives sur le
haut desquelles se voient encore les monceaux de
pierres que, dans leur ingénuité, les Chinois
avaient préparées pour les lancer contre les alliés,
et nous entrons dans ces rues ou plutôt dans ces
ruelles étroites et tortueuses où tout est magasin,
boutique ou atelier, où l'on ne sait pas où finit la
maison et où commence la rue, où, enfin, on ne
voit de toutes parts qu'affiches et qu'enseignes sous

forme de planchettes à fond rouge et à caractères dorés. Quelle activité de toutes parts, mais en même temps quelle bonne humeur! Nous entrons partout, non pas seulement dans le magasin du bric-à-brac, mais aussi bien dans la cuisine du restaurateur ou dans l'arrière-boutique du tisserand ; partout on nous témoigne curiosité et sympathie : décidément ce peuple chinois me plaît !

Mais quel contraste tout à coup : c'est un mandarin qui passe, gravement assis dans sa chaise à porteurs, l'air hébété dans son indifférence affectée, et cherchant à ajouter à son faux prestige par un grand bruit de chaînes et par le cliquetis des armes grotesques que portent devant lui une trentaine de malheureux déguisés en soldats et en bourreaux. Toute la situation actuelle de la Chine vient de se dérouler là, à nos yeux, dans l'espace de cinq minutes : c'est, d'une part, une population laborieuse et facile à mener, de l'autre un gouvernement corrompu, stupide dans son orgueil suranné, et qui s'écroulera bientôt de lui-même, si j'en juge par la marche irrésistible de notre siècle vers tout ce qui est progrès !

Nous continuons notre course et, pour nous former une idée d'ensemble de la ville, nous faisons l'ascension d'une haute colline et de la pagode aux cinq étages qui la couronne, et qui, pendant l'occupation de 1857-1860, a servi de caserne aux troupes françaises. Nulle part on ne peut se rendre mieux compte de l'étendue de Canton, et je n'ai pas de peine à croire M. Legrand lorsqu'il me parle d'un million d'habitants comme le chiffre probable de sa population. Dans un temple voisin, je donne quelques sapèques à l'un des prêtres pour connaître ma bonne aventure; on me place devant l'autel de la Trinité bouddhique, aux pieds de laquelle je brûle un ou deux bâtonnets de parfum, puis on me met dans les mains un bambou creusé qui renferme une multitude de petites planchettes numérotées, je l'agite jusqu'à ce qu'il en tombe une, et j'apprends avec toute la componction voulue que j'aurai des vêtements chauds l'hiver prochain... L'esprit religieux des Chinois paraît être pratique!

Plus loin, nous visitons l'enceinte très-curieuse des examens littéraires; c'est, à de certaines époques, le lieu de rendez-vous de tous les candidats de la province ou même des provinces environnantes, et il y a là, dans un espace de deux hectares, une série de huit mille cellules en brique. Je laisse à calculer les dimensions de chacune d'elles et les prodiges que doit faire chaque étudiant pour trouver la place de s'y coucher et d'y rédiger ses compositions. Je n'ai rien vu de pareil nulle part, et cela m'a vivement frappé.

Enfin nous terminons assez mal notre journée en parcourant de hideuses prisons qui me rendent tout triste. Ces hommes en guenilles dont le vêtement le plus réel est la grosse cangue de bois, passée à leur cou, ou bien surtout ces condamnés à mort qui, derrière de gros barreaux de bois, attendent leur tour (et ce tour viendra bientôt, puisque M. Legrand estime à quinze cents le nombre des exécutions qui se font annuellement à Canton); tout cela fait profondément pitié, et je m'empresse de leur jeter à grandes poignées les sapèques que nous avons apportées pour eux. Je ne regrette qu'une chose, c'est d'avoir appris trop tard ce qu'était en somme une sapèque : je ne savais pas qu'il en fallait douze ou quinze cents pour faire une piastre.

23 avril.

Il y a de jolis achats à faire ici en vieux bronzes, en émaux cloisonnés et en meubles du Tonkin; quant aux porcelaines et aux laques, elles m'attirent moins, il me semble que leur temps est passé. Mais on entre dans une boutique de curiosités plus facilement que l'on n'en sort; aussi sommes-nous arrivés très en retard au déjeuner que nous avions envoyé dans le joli jardin de Pountiqua.

Notre après-midi s'est passé à visiter le Temple des cinq cents génies, vaste collection d'idoles de toutes sortes superbement dorées sur toutes les coutures, et à entendre dans l'île de Honam une messe bouddhique à laquelle rien ne manquait, ni les chants sacrés, ni les génuflexions dont une clochette donnait le signal, ni une espèce d'élévation devant l'autel de Bouddha, ni enfin les têtes rasées et certaines physionomies que le type chinois ne parvenait pas à modifier.

La partie la plus intéressante de notre journée a été certainement la soirée que nous venons de passer dans les bateaux-fleurs. Ce sont plutôt des maisons flottantes qui, amarrées les unes aux autres en longues files, forment souvent comme une rue nautique. Les Chinois qui veulent s'amuser ou donner une fête louent un de ces bateaux pour la soirée, et leur plaisir est de recevoir là leur amis et même les étrangers qui passent et qui sont toujours sûrs d'y trouver un sourire et une tasse de thé. On y entend une petite chanteuse qui accompagne sa voix criarde en frappant d'une façon monotone une espèce de tambour de basque, pendant que deux Wagner chinois, placés à ses côtés, ne s'épargnent pas dans l'exécution de leur musique de l'avenir. Ce concert dure une heure ou deux, et pendant ce temps les dandys du Céleste Empire boivent du thé ou croquent des graines de citrouille, et leurs dames fument la pipe chinoise ou minaudent devant un miroir en ajoutant et en ajoutant encore un peu de rouge à l'épaisse couche de fard dont elles sont déjà couvertes; puis à un moment donné la joyeuse compagnie se met à table, et pour avoir plus de fraîcheur largue d'ordinaire l'amarre et laisse le bateau descendre gaiement le cours du fleuve au milieu du bruit des tam-tams et des salves de pétards.

24 avril.

J'avais exprimé le désir de déjeuner à la chinoise, et M. Legrand a aussitôt invité un lettré de ses amis avec lequel nous sommes allés ce matin dans le plus chinois des restaurants. Notre repas s'est ouvert, selon l'usage, par des graines de citrouille et quelques tasses de thé, mais d'un thé que je ne reconnaissais pas, tant il était bon, léger et surtout dépourvu d'amertume. On dirait que les Chinois font pour l'exportation quelque chose d'analogue à ce que les Bordelais sont obligés de faire pour les vins qu'ils expédient en Angleterre, et qu'il faut dénaturer pour plaire à des palais blindés par le poivre et par la moutarde. Le thé chinois ne se

prépare pas dans une théière, chacun de nous
en mettait quelques feuilles dans sa tasse à cou-
vercle qu'il faisait ensuite remplir d'eau tout à fait
bouillante.

Le couvert se compose des bâtonnets d'ivoire et
d'une cuillère-gamelle qui sert d'assiette et que
l'on va plonger de temps en temps dans le plat
commun ; on ne se sert pas de couteaux, tous les
mets sont préparés de façon à les rendre inutiles.
Les serviettes sont très-ingénieusement représentées par une liasse de carrés de papier dont on
change à discrétion.

Tout le monde sait en Europe que l'ordre des
repas chinois est exactement l'opposé des nôtres ;
on commence par des tranches de porc aux
nouilles, des cœurs de pigeon au lard, de délicieuses perdrix aux bambous, puis vient le poisson, et ce n'est qu'en dernier lieu qu'arrive le po-
tage. Tout cela m'a paru très-convenablement
apprêté et je dois dire que, quant à moi, je n'ai
éprouvé aucune des répulsions dont j'avais entendu parler. Le seul ennui consiste peut-être
dans les rites dont la politesse outrée finit par
lasser : ainsi il fallait toujours s'attendre les uns
les autres pour boire le samchou aux poires ou
aux pommes, que l'on nous servait dans des
verres grands comme un dé à coudre et qui,

chaque fois, donnait lieu à un toast obligé. La
carte à payer s'est présentée sous forme d'une
superbe addition chinoise... moins chinoise cependant, je vous l'assure, que nombre de celles
qui se font à Paris; puis au moment de nous lever de table on nous a engagés, pour nous *rafraî-
chir,* à nous laver la figure et les mains avec de
l'eau bouillante, nouvelle et dernière preuve qu'en
Chine tout se fait à l'opposé des idées européennes.

En rentrant nous avons visité plusieurs des maisons où se fume l'opium; je tenais à voir de mes
propres yeux ce qu'il en était, et je n'ai malheureusement été que trop vite fixé.

26 avril.

Nous avons fait aujourd'hui une charmante
partie de chasse; nous nous sommes embarqués
de grand matin et nous sommes arrivés de bonne
heure dans une belle campagne toute parsemée
d'arbres. Là nous avons couru pendant plusieurs
heures, juste assez pour trouver délicieux le déjeuner que l'on nous a servi en plein air, et qui
s'est terminé par une grande distribution de vin
de Champagne aux braves villageois que la curiosité avait attirés autour de nous. Il fallait voir leur
joie et la nôtre !

Je vais quitter Canton demain matin et je n'y aurai passé en tout que huit jours, mais huit jours auxquels je penserai souvent et qui me feraient volontiers croire à une partie au moins d'un proverbe chinois assez original qui dit : Naître à Soo-chow, vivre à Canton et mourir à Liauchau, parce que dans le premier endroit la race est la plus belle, dans le second la vie est la plus agréable, dans le troisième les cercueils sont les meilleurs !

28 avril.

Il ne faut que trois ou quatre heures pour passer de Hong-Kong à Macao, et dans ce temps si court il semble que l'on franchisse cependant plus de deux siècles. On se croirait ramené subitement dans l'une de ces villes de l'Espagne ou de l'Italie, coquettement situées, mais où, vers l'an 1600, on devait ne rencontrer dans les rues que moines, que soldats et que femmes voilées sous leurs gracieuses mantilles. On ne saurait imaginer de contraste plus frappant que celui de ces trois villes si rapprochées pourtant : Hong-Kong, Macao, Canton.

La meilleure manière d'employer son temps à Macao est, je crois, d'aller rêver le plus longtemps

possible à l'ombre des beaux arbres qui abritent
la grotte où Camoens composait sa *Lusiade*.

5 mai.

On dit communément que la ville de Shang-haï
est située à l'embouchure du Yang-tse-Kiang; pour
être tout à fait exact il faudrait ajouter qu'elle est
bâtie en réalité sur les bords de la rivière Houang-
pou, à une dizaine de milles du point où celle-ci
se jette dans le grand estuaire du fleuve Bleu. On
y arrive au travers du plus plat des pays, car la
province de Kiang-sou tout entière est une terre
d'alluvion, et, comme on ne peut avoir d'aucun endroit une vue d'ensemble sur la ville, on ne peut
se rendre compte de son importance qu'en parcourant ses quais et en pénétrant successivement
dans l'intérieur de chacune des concessions étrangères. On y voit partout un mouvement de marchandises qui fait plaisir et qui justifie la renommée de ce grand entrepôt international. Shang-haï
tient la tête dans la liste des ports ouverts aux
étrangers; c'est d'ici que partent les sept huitièmes des quarante mille balles de soie et le tiers
des 75 millions de kilogrammes de thé que la
Chine est arrivée à exporter chaque année.

Croirait-on que, bien que la France soit le plus

grand consommateur de soie, il n'y a pas une
seule maison de commerce française établie à
Shang-haï, et que, si nous n'avions pas les Messageries impériales et le Comptoir d'escompte qui
heureusement jettent un peu d'éclat sur notre pavillon, les Français qui visitent le grand port du
Yang-tse-Kiang auraient, pour toute consolation,
la satisfaction béate d'apprendre que les Pères
jésuites et les lazaristes, grands propriétaires fon-
ciers dans notre concession, louent leurs terrains
très-cher à des étrangers et en retirent un revenu
annuel de plusieurs centaines de mille francs! On
se demande réellement s'il est possible qu'une
indifférence pareille de notre part pour les belles
affaires de la Chine dure longtemps encore?

6 mai.

L'empire chinois est si vaste, si colossal, qu'il
n'y a, ce me semble, que deux moyens de le visiter : il faut ou bien n'y jeter qu'un coup d'œil en
passant, ou bien y consacrer de nombreuses années. Cette dernière alternative offrirait certes
bien des attraits, car plus je vais et plus je suis
étonné du peu que nous connaissons encore de
cet immense pays ; ainsi nous ne savons presque
rien des provinces du Setchouen, du Yunan et du

Kouei-Tchéou, et n'est-il pas étonnant qu'à une
époque où nos explorateurs intrépides ont traversé l'Afrique en tous sens, personne ne soit encore arrivé à passer de Chine aux Indes par les
montagnes du Thibet? Mais pour moi qui voyage
avant tout pour voir les progrès de la civilisation
moderne et nullement pour faire des découvertes,
pour moi qui suis les lignes de bateaux à vapeur
plutôt que je n'affronte les déserts ou les pays in-
connus, je dois naturellement reculer devant la
tâche d'étudier la Chine d'une manière un peu
approfondie, et me contenter de noter mes simples
impressions de touriste, en renvoyant au bel ouvrage de l'abbé Huc ou au livre américain de
M. Williams ceux de mes amis qui voudront
lire quelque chose de réellement instructif. L'abbé
Huc a consacré douze ans à la Chine, il a vécu en
Chinois, il en parlait la langue ; moi j'aurai passé
en tout six ou sept semaines dans cet empire de
350 millions d'habitants ; c'est donner l'exacte
mesure de la valeur relative de nos observations.

Ne vouloir passer que quelques semaines en
Chine, c'est se donner l'embarras du choix pour
ce que l'on visitera ; je n'ai pas hésité jusqu'ici
pour Hong-Kong, pour Canton et pour Shang-haï,
mais une grave question se présente maintenant :
irai-je à Péking ou remonterai-je plutôt le Yang-tse-

Kiang? Si je ne vais pas dans la capitale de l'empire, on m'accusera de n'avoir rien vu, bien que
les personnes qui y sont allées parlent presque
toutes de désappointement; d'un autre côté, le
Yang-tse a bien sa valeur aussi, ce n'est pas rien
que de remonter pendant 900 kilomètres le cours
de ce fleuve immense, que de pénétrer au cœur de
la Chine, que d'aller jusqu'à Hankow, ce centre
renommé du commerce intérieur. Que faire? Tout
bien considéré, je renonce aux fatigues du voyage
en charrette chinoise qui m'aurait attendu à partir de Tientsin, et je me décide en faveur de ces
palais flottants que les Américains nomment leurs
steamers de rivière, et qui, depuis quelques années,
remontant comme en se jouant le courant rapide
du Yang-tse-Kiang, justifient certainement aux
yeux de ses populations le surnom qu'elles nous
donnent de *diables étrangers!*

12 mai.

Notre première journée ne nous a présenté que
le spectacle assez grandiose, mais fort monotone,
d'un immense estuaire, large de plusieurs milles
et se prolongeant à perte de vue entre des rives
basses et plates. Nous aurions pu nous croire
aussi bien sur une petite mer que dans un fleuve,

si ce n'eût été la couleur jaune et terreuse de ses eaux; celui qui a osé en parler comme du fleuve Bleu devait être bien ironique, ou porter de triples lunettes de cette couleur.

Les bords de la rivière ne se sont resserrés qu'à l'approche de Chin-kiang, et bientôt une jolie chaîne de montagnes est venue égayer le paysage. Chin-kiang est située au confluent du fleuve et du Grand-Canal, si célèbre autrefois, mais que la dernière rébellion dès Taepings a fait bien déchoir. On sait que ce canal s'étend sur une longueur de plus de 1,200 kilomètres, depuis Hang-tchéou jusqu'à Tientsin, qu'il traverse et relie le Yangtze et le fleuve Jaune, enfin qu'il a servi, jusqu'à la dernière révolte, à porter le tribut de grains qui approvisionne Péking. La rébellion a changé le cours des choses, elle a habitué les jonques à prendre la route de mer, et le canal, très-endommagé par l'influence des temps et par les ravages des hommes, a été un moment presque entièrement abandonné. Aujourd'hui il reprend un peu, et les milliers de jonques que nous voyons stationnées à son entrée prouvent que les Chinois en apprécient toujours l'importance.

Après Chin-kiang nous arrivons à Nanking, et j'avoue que c'est pour moi un véritable événement. Nanking a toujours joué un très-grand rôle dans

mon imagination, soit comme ancienne capitale
de la Chine, soit plutôt, je crois, à cause de cette
tour de porcelaine si admirablement peinte dans
le grand alphabet que, tout enfant, je venais dé-
plier chaque jour sur les genoux de ma mère pendant qu'on la coiffait! Hélas! la tour « n'a pas
pris garde », elle n'a pas su résister aux Taepings
qui, maîtres de la ville pendant onze ans, de 1853
à 1864, ont poursuivi là, comme tout le long du
Yangtze, leur œuvre de dévastation. Prise d'abord
par les rebelles, reprise ensuite par les impéria-
listes, mise chaque fois à feu et à sang, cette ville
autrefois si populeuse ne présentait plus, il y a
quelques années, que le spectacle de monceaux de
ruines, entourés encore par ses puissantes murailles de 70 pieds de hauteur et de plus de 8 lieues
de tour. Aujourd'hui la grande cité littéraire se
relève un peu, et le gouvernement chinois s'efforce
de lui venir en aide en accordant toutes sortes de
priviléges à ses habitants, mais il faudra bien du
temps pour qu'elle reprenne même une faible partie de sa splendeur passée.

La ville de Nanking a été ajoutée, par le traité
français de 1858, à la liste des ports qui devaient
être ouverts au commerce étranger; aucune dé-
marche n'a toutefois été faite jusqu'ici pour en
profiter, et les trois seules places du Yangtze que

nous fréquentions sont toujours Hankow, Kiou-
kiang et Chin-kiang.

Continuant à remonter le fleuve, nous passons
devant l'embouchure du grand lac Poyang, et nous
arrivons à la ville de Kiou-kiang. Les Anglais et
les Américains y ont bâti de véritables palais commerciaux le long d'un beau quai, mais je regrette
de dire que leurs bénéfices n'ont pas répondu à
ces grosses dépenses, par suite de la concurrence
des négociants chinois qui, ayant infiniment moins
de frais, peuvent se contenter de profits beaucoup
moindres. Dans l'état actuel des choses, les Européens, obligés, faute de savoir la langue, de passer
par les fourches caudines de leurs *compradores,* ne
peuvent lutter que difficilement avec les natifs pour
le commerce intérieur de l'empire, et il semblerait
que la manière la plus rapide d'ouvrir la Chine
serait plutôt de pousser surtout à la création de
bateaux à vapeur sur tous les grands fleuves, à
l'établissement de quelques chemins de fer et à l'exploitation des richesses minérales encore enfouies
dans cet immense pays. Il est vrai que jusqu'ici le
gouvernement de Péking s'y est refusé obstiné-
ment, mais le nouveau pas qu'il vient de faire en
se décidant pour la première fois à envoyer une
ambassade en Europe est de nature à nous faire
espérer que la révision toute prochaine du traité

anglo-chinois sera signalée par quelque progrès dans cette voie.

J'ai dîné à Kiou-kiang avec les Pères de la Mission de Saint-Lazare, et, bien que je doive dire, avec un sincère *confiteor*, que, contre mon attente, j'aie très-mal mangé, j'ai eu le plus grand plaisir à écouter la conversation intéressante de Mgr l'évêque Baldus, qui depuis trente-cinq ans est en Chine. Mgr Baldus a passé de longues années dans le Setchouen, il a connu l'abbé Huc, et il me confirme qu'alors les rives du Yangtze étaient bien plus peuplées qu'aujourd'hui. Il estime à plusieurs millions de personnes le chiffre des victimes de la rébellion des Taepings, et il a vu la ville de Kiou-kiang deux ou trois fois plus grande qu'à présent, en même temps qu'à Hankow les jonques et les barques de toutes espèces se comptaient par milliers et milliers. En Chine j'ai vu la plupart des missionnaires catholiques habillés à la chinoise, et Mgr Baldus en particulier, avec son front rasé, ses cheveux tressés en queue et son vêtement approprié, aurait pu servir de modèle à un mandarin de la vieille roche; ce n'est pas moi toutefois qui leur en ferai un reproche, car je préfère cela mille fois aux cravates blanches que gardent les missionnaires protestants.

Le trajet de Kiou-kiang à Hankow est la partie

la plus belle du voyage du Yangtze; c'est une succession de montagnes et de vallées qui offrent sans
cesse quelque chose d'attrayant, tantôt une vue
d'ensemble étendue et grandiose, tantôt quelque
petit hameau tout entouré de riches cultures et
gracieusement abrité au fond d'un vallon, véritable endroit pour y placer les plus heureuses des
pastorales chinoises.

Mais nous voici arrivés à Hankow et toute notre
attention se concentre naturellement sur ce grand
entrepôt. Notre premier soin est de monter sur
une haute colline d'où nous pouvons nous faire
une idée exacte de la ville et de ses environs.
Hankow est située au confluent du Han et du
Yangtze, sur les rives gauches de chacun de ces
fleuves; deux grandes villes lui font, en outre, vis-
à-vis, sur leurs bords opposés, et, bien que ces
trois cités aient chacune un nom différent, elles ne
font en réalité qu'une seule agglomération qui
s'élève aujourd'hui à un million et demi d'habitants et qui, il y a une vingtaine d'années, devait
en compter probablement deux ou trois fois plus.
Aucun monument remarquable ne vient fixer les
regards, ce n'est qu'une suite uniforme , mais indéfiniment prolongée, de maisons tellement serrées qu'elles ne laissent apercevoir aucune des
ruelles qui les séparent; tout ce que l'on voit,

surtout à cette époque-ci de l'année où le fleuve est très-haut, c'est de l'eau, des toits et des jonques, le tout à perte de vue. Les variations de niveau du Yangtze-kiang sont prodigieuses ici; il y a quelquefois 50 pieds de différence entre l'été et l'hiver, et cela bien que le fleuve ait encore, à une distance de plus de 200 lieues de la mer, un grand mille de largeur.

Pendant que, sur le haut de notre colline, nous étions absorbés dans notre contemplation, les prêtres d'une pagode voisine nous préparaient du thé, dans le seul but d'avoir le plaisir de nous offrir l'hospitalité et de nous examiner tout à leur aise. Nous nous assîmes en face de leur Bouddha, et là nos lorgnettes, nos chapeaux et jusqu'au drap de nos habits, tout fut touché et discuté par une foule des plus bienveillantes; j'aime décidément les Chinois, c'est une race qui a le désir de s'instruire et qui travaille; elle a besoin d'une régénération, il est vrai, mais elle la mérite et elle l'aura, j'en ai la conviction. J'espère bien, par exemple, que cette régénération s'étendra en même temps jusqu'à leur passion malheureuse pour le développement de l'agriculture par les engrais; celui qui n'a pas été en Chine ne saurait se faire une idée des odeurs épouvantables dont on y est assailli.

L'intérieur de Hankow, de Hanyan et de Vou-

chang ne diffère guère des villes de la côte ; ce
sont les mêmes rues étroites, les mêmes boutiques
ouvertes et la même ardeur au travail. Je ne citerai guère comme nouveauté que la pagode des
tortures à Vouchang ; on y trouve une série de
grandes figurines en plâtre et en carton, représentant les différents supplices mérités par les crimes
de l'humanité, et l'on y peut frissonner en voyant
à quels excès de cruauté l'imagination peut se
complaire, aussi bien que l'on rit de bon cœur en
suivant les extases crûment représentées d'un fu-
meur d'opium.

J'ai eu, à Hankow, un exemple intéressant d'une
des curieuses coutumes de la Chine. La servante
d'un de mes amis venait d'acheter, moyennant
une dizaine de piastres, chez le mandarin chargé
de recueillir les enfants trouvés, une petite fille
qu'elle se proposait d'élever, et elle ne cachait pas
que c'était dans le but de s'en faire des rentes plus
tard ! Quel pays extraordinaire que cette Chine, où
l'on rencontre des idées si différentes des nôtres,
et dont je ne saurais donner un meilleur exemple
qu'en empruntant à un livre anglais les quelques
lignes suivantes :

« Pendant la traversée, dit l'auteur humoris-
tique, notre batelier chinois nous expliqua que
l'aiguille de la boussole, loin d'indiquer le nord,

pointait vers le sud. Dès notre débarquement, le premier objet qui frappa mon attention fut un mandarin militaire orné d'un jupon brodé et d'un collier de perles et portant un éventail en main; je le vis se placer à la droite de son cheval pour monter en selle, et je remarquai plusieurs fourreaux pendus à sa ceinture; je pensais qu'ils contenaient son sabre et ses poignards, et je fus surpris d'apprendre qu'ils ne servaient d'abri qu'à ses baguettes à manger et à son éventail, de sorte que mon officier avait l'air d'être en route pour son dîner plutôt que pour aller passer ses soldats en revue. Levant les yeux en l'air, je vis de nombreux cerfs-volants de toutes formes, et je fus fort étonné de m'apercevoir qu'ils étaient manœuvrés par des hommes faits et même par des vieillards, pendant que les gamins assistaient, graves et sérieux, à cette innocente occupation de leurs parents.

« Comme je venais en Chine pour y rester longtemps, je me mis en quête d'un professeur de chinois; il s'en présenta bientôt un qui, lorsqu'il vint me voir, s'arrêta en dehors de ma porte et, au lieu de venir à moi et de me serrer la main, se contenta de secouer les siennes, ce que je considérai comme un progrès notable, surtout dans les cas douteux. Je savais que j'allais entreprendre l'étude d'une langue dépourvue d'alphabet, mais je ne

m'attendais pas à ce que les livres commençassent
par ce que nous appellerions la fin du volume.
Mon maître se mit à lire un passage relatif aux
rites et qui disait : « Quand vous recevrez un con-
« vive distingué, ayez soin de le placer à votre
« gauche, car c'est là la place d'honneur, et n'ôtez
« pas votre chapeau, car ce serait un acte de fami-
« liarité peu convenable. » C'était porter un coup
sévère à mes idées de politesse ; mais quand, passant à un autre chapitre, il lut que les hommes les
plus savants étaient décidément d'opinion que le
siége de l'intelligence humaine se trouvait dans le
ventre, je fus obligé de m'enfuir de crainte qu'une
leçon plus longue ne me rendît fou.

« C'est que les Chinois sont nos antipodes de
toutes manières, et en vérité, m'écriais-je dans les
premiers temps, si cela continue ainsi, je ne serai
pas étonné lorsque dans ce pays-ci je rencontrerai
des hommes marchant sur leur tête. Voyez ! voici
une femme en pantalons et un groupe de mes-
sieurs en jupons ; elle fume la pipe et ils ont, eux,
l'éventail en main. Voici mon domestique qui s'a-
vance vers moi tout habillé de blanc, et quand je
lui demande quelle est la fête à laquelle il est invité,
il me répond en pleurant qu'il s'est mis en deuil
pour son père. Un peu plus loin, au contraire, un
mariage s'annonce par les sanglots de la jeune fille

qui pleure avec ses amies. Ici, cirer ses bottes, c'est mettre du blanc sur leurs épaisses semelles; donner un cercueil à son père, c'est lui faire le plus agréable des cadeaux : bref, après avoir passé quelque temps en Chine, on n'a plus le droit de s'étonner de rien au monde! »

CHAPITRE XI.

LE JAPON. — NAGASAKI. — LA MER INTÉRIEURE.
HIOGO.

29 mai 1868.

Lorsqu'on quitte la mer houleuse et dure qui
entoure les côtes du Japon et qui, pendant longtemps, a contribué à tenir éloignés les navires
étrangers, et que l'on entre dans la baie délicieuse
de Nagasaki, on passe presque subitement des plus
sombres dispositions aux idées les plus riantes. Il
n'est plus question de mal de mer sur les eaux
tranquilles de ce véritable lac, qu'une ceinture de
montagnes protège de toutes parts ; il ne s'agit plus
de *spleen* en présence de la végétation luxuriante
qui, commençant au bord même de l'eau, gravit
gaiement les collines, et respecte à peine quelques
maisons de campagne bâties par les Européens,
de nombreux temples japonais admirablement situés, enfin les champs fertiles que l'industrie des

cultivateurs a su étager gracieusement jusqu'à de grandes hauteurs. La ville elle-même, quelque grande qu'elle doive être pour contenir ses 80 ou 100,000 habitants, n'apparaît qu'au milieu de la verdure et semble n'être qu'au second plan ; on ne voit qu'une chose au moment où l'on se sent délivré de la mer, c'est la campagne fraîche et calme et le vert gazon à l'ombre des grands arbres.

Mais si le port de Nagasaki paraît joli du pont d'un navire, il ne l'est pas moins lorsqu'on le voit du haut des collines ou de la véranda des maisons de campagne européennes. Combien de fois, pendant les quinze jours que je viens de passer ici, ne me suis-je pas oublié des heures entières à contempler, à travers les branches de quelque vieux pin maritime, la nappe bleue et les jonques, et les navires que j'avais pour ainsi dire à mes pieds !

Quelquefois aussi j'allais m'installer sur la plate-forme ombragée d'une bonzerie ou bien dans l'un de ces cimetières japonais, toujours si poétiquement placés et si soigneusement entretenus. Quelle différence entre eux et nos cimetières européens, où l'on n'entre qu'avec un serrement de cœur et en frissonnant ! Une des choses qui m'a, du reste, le plus frappé dans tout l'Orient et particulièrement au Japon, c'est la manière dont on y

envisage la mort : chez nous elle est un épouvan-
tail, une lutte affreuse ; ici elle n'effraye pas, elle
est attendue avec calme et résignation.

La ville de Nagasaki se compose de trois quartiers bien distincts : le premier, celui que l'on voit
à main droite en arrivant au mouillage, a été bâti,
dans les dix dernières années, par les Européens,
et se nomme Ora. Il se compose d'un quai et de
deux ou trois rues parallèles adossées à la colline
sur les flancs de laquelle s'élèvent les maisons de
plaisance des principaux négociants. La ville japonaise proprement dite occupe tout le fond de la baie
et s'étend dans deux ou trois petites vallées et sur
les premières pentes de plusieurs hautes collines.
Devant elle, enfin, se trouve l'îlot de Décima, célèbre dans l'histoire pour avoir été, pendant deux
cent cinquante ans, le seul point du Japon dont
l'accès ne fût pas entièrement interdit à l'Europe.
Chacun sait que nous fûmes d'abord reçus à bras
ouverts par plusieurs des princes de l'île de Kiousiou, lorsque les Portugais y abordèrent pour la
première fois vers le milieu du XVIᵉ siècle. Les Japonais, frappés de la beauté de la morale du Christ,
adoptèrent même avec ardeur les enseignements
de saint François-Xavier, en les alliant à leur religion du Sineto, comme déjà ils avaient accepté le
bouddhisme un millier d'années auparavant Mais

bientôt ils se heurtèrent contre l'intolérance dog-
matique de l'Église latine, et, plutôt que de sacrifier leur indépendance politique aussi bien que
leurs croyances nationales aux prétentions outrées
de la papauté, ils se décidèrent pour la proscrip-
tion des étrangers et même le massacre, en 1638,
à Simabarra, des derniers chrétiens indigènes.

Les Hollandais seuls, déclarant hautement qu'ils
ne reconnaissaient pas le pape et qu'avant tout ils
étaient marchands, obtinrent, à l'exclusion de
toutes les autres nations, la permission de conserver un comptoir à Nagasaki. Mais que de précautions ne prit-on pas contre eux! Décima, bâtie
sur un banc de sable, entourée d'eau de toutes
parts, ne communiquait avec la ville que par un
seul pont toujours gardé, infranchissable pour les
quelques employés de la factorerie qui, en attendant les rares visites d'un ou deux navires, devaient
certes faire appel à toute la patience hollandaise
et à leurs chères pipes d'écume, pour résister à
cette réclusion et à cet exil. Une seule chose in-
terrompait la monotonie de cette existence et permettait à l'Europe de jeter quelques regards furtifs
sur l'intérieur du pays, c'était un voyage que les
chefs de Décima devaient faire tous les trois ans à
Yedo, en signe de soumission et pour porter au
shiogoune des présents obligés.

Le Japon, en s'isolant ainsi du reste du monde, en refusant accès aux étrangers et en ne permettant même à ses propres sujets que la navigation côtière, s'était assuré deux siècles et demi de tranquillité et de bonheur; voici maintenant dix ans que nous y sommes de nouveau, et déjà règne la guerre civile. Pourquoi donc faut-il que notre civilisation, évidemment bonne sous beaucoup de rapports, coûte toujours tant de sang et tant de larmes?

Je me suis beaucoup promené dans les rues de Nagasaki, presque toujours avec un jeune Français, M. Réal des Perrières, qui, faisant partie de la mission engagée par le comte de Montblanc, vient de parcourir pendant une année entière les États du prince de Satsouma. On ne saurait avoir de compagnon plus agréable et en même temps plus utile, car il parle le japonais assez couramment. Selon lui, il faut se garder de juger le Japon par la seule ville de Nagasaki, que le contact des Européens a déjà changée considérablement; je ne parlerai donc aujourd'hui que de quelques-uns des points principaux, et tout d'abord des maisons, qui sont une des choses les plus originales de ce pays-ci. Elles sont tout ouvertes sur la rue et disposées de façon que d'un coup d'œil le passant peut voir presque tout ce qui s'y passe. Les cloisons,

faites de châssis de papier, s'enlèvent entièrement
de jour pour que l'air circule partout abondam-
ment ; le plancher, élevé d'un pied au-dessus du
sol, est recouvert de jolies nattes de bambou, propres et gaies, et, comme fond de tableau, on aperçoit invariablement un petit jardin, microscopique
quelquefois, mais où le propriétaire a trouvé le
moyen d'installer un rocher, quelques arbres
nains et un bassin à poissons. Sur le devant de la
maison et sur la rue, pour ainsi dire, se trouve
l'étalage du marchand, et, pour faire quelque
affaire, on s'assied ou plutôt on s'accroupit sur les
nattes, car de meubles point, si ce n'est une
théière toujours pleine, des tasses toujours à la
disposition des visiteurs, et, dans un coin, la cou-
verture qui la nuit servira à la fois de lit, de mate-
las et de drap, et le petit escabeau de bois sur
lequel le dormeur ou la dormeuse appuiera la
nuque en guise d'oreiller. Je parle là des maisons
du peuple et de la petite bourgeoisie, car si les
classes supérieures conservent la même simplicité,
elles se font moins voir et se cachent, soit derrière des haies de verdure, soit dans des yaskis aux
murailles de pisé blanchies à la chaux.

Il y a deux classes bien distinctes au Japon : le
peuple proprement dit, composé des marchands,
des artisans, des cultivateurs et des pêcheurs, et

la noblesse, dans laquelle il faut comprendre les employés du gouvernement. Les nobles portent d'ordinaire deux sabres passés à leur ceinture, mais on les reconnaît plutôt encore aux marques de soumission que leur témoigne le peuple. Ce n'est qu'accroupi et en courbant la tête qu'un marchand s'approche d'un officier, avec lequel cependant, curieux exemple du caractère facile des Japonais, il rira et boira peut-être quelques minutes après. Pour faire un achat, si petit qu'il soit, il faut toujours commencer par causer longtemps de choses et d'autres ; on s'interrompt pour échanger quelque bon mot avec la foule qui s'est amassée autour de la boutique ou pour sourire à quelque jolie femme qui vous salue en réponse ; quelquefois même le marchand consulte la galerie pour savoir si le prix qu'on lui offre est suffisant ; enfin, après avoir bu de nombreuses tasses de thé et fumé plusieurs petites pipes japonaises, le marché se conclut. Certes, ce n'est pas au Japon que l'on peut appliquer l'adage américain : *Time is money*; je ne connais pas de pays où le temps compte pour si peu et où l'argent soit moins apprécié. Partout dans mes voyages, et tout d'abord en Europe et en Amérique, j'ai trouvé le culte suprême de l'argent; ici on ne le plaçait, il y a dix ans, qu'au troisième ou quatrième rang, mais nous voici ar-

14

rivés et bientôt, soyez-en sûr, notre civilisation
portera ses fruits!

Je n'ai pas parlé encore des femmes japonaises,
et cependant je crois bien que plus d'un de mes
lecteurs attend avec impatience que je lui décrive
les mousmés. Elles sont originales dans leur espèce
de robe de chambre en soie, ouverte sur la poitrine et par contre étroitement serrée autour des
hanches et sur leurs jambes; deux ceintures en
damas ou en crêpe de couleur vive, qu'elles portent très-bas, forment sur leurs reins un nœud
immense, toujours fait avec le plus grand soin;
leurs beaux cheveux d'un noir de jais sont réunis
en un énorme chignon que traversent de grosses
épingles; enfin un large parasol de papier les
abrite des rayons du soleil. Elles marchent malheureusement fort mal, leurs sandales de bois et
l'étroitesse de leurs jupes impriment à leur démar-
che une raideur qui contraste singulièrement avec
la grâce de leurs bras et avec le joli sourire qu'elles
adressent à tous ceux qui les saluent en passant,
même sans les connaître, car, je l'ai déjà dit et l'on
ne saurait trop le répéter, l'amabilité, la politesse
et la bonne humeur sont ici à l'ordre du jour. Les
jeunes filles ont d'ordinaire de charmantes dents
blanches; les femmes mariées, au contraire, renonçant à toute coquetterie, noircissent les leurs

en les recouvrant d'une couche de laque noire qui
les enlaidit à plaisir...; trouverait-on beaucoup de
pays où les épouses sacrifieraient ainsi leur beauté
pour prouver leur fidélité et leur attachement?

Le costume que je viens de décrire est l'habille-
ment de gala, celui que mettent les femmes lorsqu'elles sortent pour se promener ou pour faire
des visites; dans la vie ordinaire, et surtout dans
les classes inférieures, on se met plus à l'aise, et
pour peu qu'il fasse assez chaud on voit toutes les
marchandes nues jusqu'à la ceinture. Quelques
voyageurs ont jeté les hauts cris parce que le matin
ils ont aperçu les femmes se baigner dans un ba-
quet devant leur maison, ou qu'en s'arrêtant devant les bains publics ouverts à tous les regards,
ils ont vu les hommes et les femmes se laver ensemble dans le simple costume de la vérité, et ils
en ont conclu, trop vite à mon avis, que la pudeur
n'existait pas au Japon... la pudeur peut-être, car
c'est là une chose de convention qui varie selon
les pays, mais la modestie, à laquelle j'attache beaucoup plus de prix, me semble être très-respectée
par les Japonais.

On a blâmé avec plus de raison, et M. Lindau
s'en est occupé d'une façon toute spéciale dans ses
jolis récits d'un *Voyage autour du Japon,* la coutume qu'ont les familles pauvres de vendre leurs

filles pour un certain nombre d'années. Elles sont alors groupées dans des maisons ou dès leur enfance on leur apprend à chanter, à danser et à plaire, et où elles restent d'ordinaire jusqu'à l'âge de vingt-cinq ans. Il est heureux, toutefois, que la honte de ces marchés retombe entièrement sur les parents et nullement sur ces jeunes filles qui, une fois leur engagement fini, trouvent souvent à bien se marier et deviennent, à l'exemple des autres femmes japonaises, de bonnes et fidèles épouses.

Pour terminer ma description de Nagasaki, je n'ai plus qu'un mot à dire sur son commerce avec l'Europe. Il n'est pas bien important et se réduit à une exportation de 3 ou 4 millions de livres de thé et d'une certaine quantité de camphre et de cire végétale; quant à l'importation, elle consiste en quelques millions de francs de tissus anglais et suisses, en vins de Champagne, mais surtout en armes et en bateaux à vapeur. C'est sur la vente de nos fusils que les Européens comptent le plus pour faire fortune, et, jusqu'à présent, c'est en effet le produit de notre civilisation dont les princes japonais ont le plus vite reconnu la nécessité.

8 juin.

J'ai quitté Nagasaki le 29 mai pour me rendre à Osacca en passant par la mer Intérieure. Nous avons traversé d'abord le détroit de Hirado et je puis dire que j'ai rarement vu d'endroit plus ravissant. C'est un canal sinueux, large à peine de 200 ou 300 mètres et qui, sur une longueur de 1 ou 2 milles, offre le spectacle le plus varié et le plus enchanteur : ici, un château de daïmio semble couver de l'œil plusieurs hameaux de pêcheurs et vous transporte au vieux temps de la féodalité ; là, un promontoire avancé sert de site à quelque temple de Bouddha ou de Sineto ; partout l'œil se repose sur la plus fraîche des verdures. La végétation du Japon est une des choses les plus remarquables de ce beau pays ; on ne trouve nulle autre part un mélange pareil des faunes des tropiques et des climats tempérés ; à côté de nos plus beaux arbres d'Europe, on aperçoit un groupe de bambous ou un bouquet d'énormes camélias, et le parfum du camphrier se répand au loin. Ah ! j'espère bien qu'au temps de nos petits-neveux, il aura été inventé quelque nouvelle machine avec laquelle on pourra traverser le monde en un rien de temps, et je les engage d'avance à venir passer alors leur dimanche à la station de Hirado!

La mer Intérieure est resserrée entre les trois grandes îles du Japon, Kiousiou, Sikok et Nipon; elle est parsemée de mille et mille îlots, qui en varient l'aspect à l'infini et qui en font la plus jolie des promenades maritimes. On ne saurait croire combien de villages et de hameaux on aperçoit de tous côtés, perdus dans les ravines et dans les arbres; les maisons en sont propres et gaies, et le bonheur habite là certainement. Le Japon me rappelle sans cesse la terre qu'un de mes amis possède sur la rive d'un des lacs les plus pittoresques de la Suisse; la propriété s'étendait autrefois jusqu'au bord même de l'eau; elle était isolée; on s'y sentait chez soi, et l'on pouvait, sans avoir à se préoccuper des voisins ou des passants, se donner le plaisir du bain ou se reposer sur les frais gazons. Tout à coup le Canton décide la construction d'une grande route le long du lac; la société entière doit y gagner, et mon ami lui-même va vendre probablement ses récoltes plus cher... Mais adieu la tranquillité, adieu l'heureuse indépendance! le progrès ne considère que le bien général, il ne peut pas s'arrêter devant le bonheur particulier!

La ville d'Osacca ne se trouve pas sur le bord même de la mer; elle en est éloignée de 3 ou

4 milles et ne communique avec elle que par une rivière peu profonde, obstruée malheureusement à son embouchure par une barre des plus dangereuses. Les jonques japonaises peuvent s'y aventurer, mais les navires européens tirent trop d'eau pour y pénétrer et ils ont dû choisir pour point de chargement et de déchargement le port de Hiogo, situé à une vingtaine de milles de distance. Ce port et la ville d'Osacca devaient, d'après notre premier traité avec le Shiogoune, nous être ouverts dès 1863 ; cette date fut reculée ensuite de cinq ans, sur les instances réitérées du gouvernement de Yedo, et ce n'est que depuis le 1er janvier dernier que les Européens y sont admis. Aussi, en débarquant à Hiogo, ou plutôt dans le faubourg que l'on nous a assigné et qui se nomme Kobé, me suis-je cru un instant dans un de ces « settlements » primitifs du Far-West américain. Nos négociants sont encore installés dans des maisons japonaises où les nattes servent de pupitres pendant le jour et de lit quand vient la nuit. Je me rappelle combien, la première fois que je voyageai dans l'intérieur des États-Unis, je fus frappé du contraste qu'offraient, au sein des forêts ou au centre de plaines ignorées, ces maisons bien alignées qui, du jour au lendemain, pour ainsi dire, surgissaient au milieu d'une nature encore vierge; eh bien,

Kobé m'a fait un peu le même effet lorsque j'y ai vu vis-à-vis l'un de l'autre le bureau du négociant européen et la maison de bains japonaise où toute la journée, hommes, femmes et enfants viennent se mettre au frais, sans avoir l'air de se douter qu'il y ait des passants.

J'ai entendu beaucoup de plaintes pendant mon séjour à Kobé : d'abord quand il y pleut, ce qui arrive souvent en juin, puisque c'est là l'époque des pluies au Japon, on est submergé sur cette plage de sable toute plate, véritable fond d'entonnoir formé par les collines qui l'entourent ; ensuite, plutôt que d'avoir doubles frais en ayant à la fois des comptoirs à Hiogo et à Osacca, chacun demande que l'on se décide exclusivement pour l'une ou l'autre d ces places. Je crains bien, hélas! que l'on n'arrive à aucun résultat, car, tandis que les uns penchent pour la ville commerciale par excellence avec son million d'habitants et ses riches banquiers, les autres trouvent que Kobé ferait mieux l'affaire de leurs navires; et la seule chose qui pourrait peut-être concilier tout cela, l'établissement d'un chemin de fer, éprouvera de trop grands retards avant que la lenteur japonaise se décide à y consentir.

J'ai eu ici une preuve nouvelle des changements que nous apportons à la valeur des choses au Japon; j'ai vu payer 150 fr. de loyer par mois pour une petite maison japonaise dont le propriétaire ne retirait, jusqu'au 1er janvier dernier, que 18 fr. par an, et déjà, à Nagasaki, l'on m'avait dit que le riz, dont la valeur était, en 1858, de 3 ou 4 fr. le picul de 60 kilogrammes, s'était payé, dans ces dernières années, cinq ou six fois plus cher ; que la soie avait triplé de prix, et qu'enfin les premiers Européens arrivés au Japon se rappelleraient longtemps leur joyeux étonnement, lorsqu'en échange de leur argent on leur donnait de l'or dans la proportion de 1 pour 3 ou 4, tandis que dans le reste du monde la valeur de l'or est de douze à quinze fois plus considérable que celle de l'argent.

Les environs de Hiogo abondent en jolies promenades, soit que l'on suive une portion de la grande route qui de Nagasaki va jusqu'à Yedo, et qui est célèbre sous le nom de Tocaïdo, soit que l'on préfère prendre quelque sentier et gravir les collines. On arrive invariablement à l'un de ces temples si nombreux au Japon et dont l'approche est annoncée presque toujours par une avenue bien propre, ornée de distance en distance de portails de bois peints en rouge et souvent par de longues files d'*ex-voto*. De grands arbres sacrés remplissent l'enceinte et abritent quelques arbustes en fleur; je me souviendrai surtout des magnifiques azaléas qui, à cette époque-ci de l'année, étalent de tous côtés leurs mille corolles. A droite et à gauche de l'entrée, on voit plusieurs autels consacrés sans doute à des divinités secondaires; quant à l'édifice principal, il occupe le milieu et l'on a quelques marches à monter pour y arriver. Il est en bois sculpté, recouvert d'un toit de chaume très-épais, très-apparent et dont la forme recourbée est pleine d'originalité. La fréquence des tremblements de terre empêche l'emploi de la pierre dans les constructions japonaises, et le grandiose y fait défaut. S'il fallait, du reste, caractériser le Japon d'un seul mot, on pourrait dire que le grand ne s'y trouve nulle part et que le joli, par contre, y est partout.

J'ai suivi souvent avec intérêt la manière dont les Japonais, hommes et femmes, font leurs prières. Leur premier soin, à l'exemple de ce qui se pratique, hélas! à peu près dans toutes les religions, est de jeter une pièce de monnaie dans un grand coffre-fort affecté évidemment aux besoins des prêtres; leur second mouvement est d'agiter une grosse corde qui pend devant l'autel et qui, frappant sur une cloche, est destinée à avertir Bouddha qu'un de ses fidèles va se prosterner devant lui.

Les prières toutes écrites, sont très-variées, et on les tire au sort d'une façon très-originale, en secouant un bambou jusqu'à ce qu'il en sorte le numéro qu'est censé réclamer l'état moral du pénitent.

CHAPITRE XII.

OSACCA. — QUELQUES MOTS SUR L'HISTOIRE DU JAPON.
UN MOIS A KAGOSIMA.

15 juin 1868.

Osacca a été surnommée, plus ou moins juste-
ment, la Venise du Japon ; il est vrai qu'elle est
traversée en tous sens par les bras nombreux de sa
rivière et que l'on y compte près de 800 ponts,
mais c'est encore plus sur terre ferme, dans ses
longues rues coupées à angle droit, qu'a lieu le
mouvement de cette grande cité. C'est, avant tout,
une ville de commerce, et elle paraît un peu monotone ; mais une agglomération d'un million
d'âmes est toujours intéressante, et j'ai trouvé
courts les huit jours que j'y ai passés. De même
qu'à Kobé, je logeais chez l'agent de la Société de
commerce d'Amsterdam, et il faut dire que les
Hollandais sont bien les gens les plus hospitaliers
que l'on puisse trouver.

Il n'y a encore que quinze Européens à Osacca, consuls ou négociants; aussi nous regardait-on avec de grands yeux, et je me rappelle qu'en me levant le premier matin et en voyant une grande foule stationnée devant notre maison, je fus un peu étonné d'apprendre qu'elle épiait notre sortie. Je ne puis m'empêcher de rire quand je me rappelle la manière dont en Europe nous nous représentons les Japonais; nous les voyons roulant de gros yeux et la main toujours sur la poignée de leur grand sabre. Au lieu de cela, que trouvons-nous à notre arrivée? Des gens qui nous saluent, qui nous sourient et nous invitent à entrer chez eux pour y boire quelques tasses de thé.

Je regrette de n'être pas un Walter Scott et de ne pas savoir consacrer une vingtaine de pages à la description d'un château fort. Quelle belle occasion me donneraient aujourd'hui les larges fossés et la triple muraille de granit du magnifique palais que possédait à Osacca l'ex-shiogoune et que, chose incompréhensible, ses troupes ont lâchement abandonné dans la dernière guerre! J'aime mieux, et j'espère que mes lecteurs seront de mon avis, leur parler des théâtres japonais. La représentation y dure depuis le matin de bonne heure jusque après le coucher du soleil; aussi y va-t-on de la même manière absolument

que les bons bourgeois de Paris vont le dimanch
faire une partie de campagne : en famille et avec
force provisions de bouche! La salle est carrée, elle
se compose d'un parterre et d'une galerie qui l'entoure de trois côtés; les places sont marquées par
de petits rebords en bois, hauts de 10 centimètres
et qui divisent le plancher en une foule de com-
partiments, larges chacun d'un peu plus d'un
mètre. Là, père, mère et enfants, six personnes
au moins, sans compter les poupons à la ma-
melle, trouvent moyen de s'accroupir, de palpiter
lorsqu'il s'agit d'un drame, de rire quand la pièce
est gaie, de manger leur riz et de boire leur thé
toutes les fois qu'un entr'acte leur en donne l'occasion. Les Japonais sont passionnés pour la scène,
la salle est toujours pleine, et j'estime bien à
1,500 personnes le nombre des spectateurs qui s'y
trouvaient le jour où j'y suis allé. Chacun combat
de son mieux la chaleur qu'il fait : les hommes
essuient avec l'inévitable papier japonais la sueur
que l'on voit perler sur leur poitrine et sur leur
dos; les femmes qui, pour une occasion pareille,
se sont habillées plus qu'à l'ordinaire, tiennent
avant tout à ce que l'on voie bien leurs beaux
atours, et elles se contentent de s'éventer sans cesse.
Du reste, que ne supporte-t-on pas lorsqu'on
s'amuse, et certes tous les éclats de rire, tous les

quolibets qui se croisent, ne laissent aucun doute sur la joie générale !

La pièce que j'ai vu jouer n'offrait rien de remarquable ; les plus grands frais en étaient faits comme chez nous par l'amour et par la jalousie de deux rivaux ; duel au grand sabre, apparition subite de l'héroïne, rien n'y manquait. La chose la plus curieuse était certainement de voir les acteurs entrer en scène en traversant le parterre d'un bout à l'autre sur une longue et étroite passerelle.

J'étais le seul Européen au milieu de toute cette foule et je m'étais naturellement assis par terre comme tout le monde, seulement j'avais pour moi un carré tout entier ; je n'y étais pas depuis cinq minutes que de toutes parts m'arrivaient des tasses de thé ou de saki et des petits gâteaux que m'offraient ces braves gens ; réellement il est impossible de ne pas aimer le Japon, et je ne veux plus le nommer que le pays de la Bonne-Humeur !

J'ai eu grand plaisir à causer longuement à Osacca avec deux Anglais, un attaché d'ambassade et un consul, qui tous deux étudient avec ardeur la langue, ainsi que les mœurs, les idées et la politique de ce pays si peu connu encore. Il paraît que dans les hautes classes on entremêle la conversation de tant d'expressions et de citations chinoises, que pour pouvoir causer avec les grands officiers il faut savoir presque autant de chinois que de japonais. Le temps énorme qu'il faut, non pas seulement aux étrangers, mais aux natifs eux-mêmes pour savoir lire et écrire ces deux langues est et sera toujours, peut-être, le plus grand obstacle au développement de notre civilisation dans l'extrême Orient. Un homme qui, pour être lettré, est obligé de consacrer la plus grande partie, sinon la totalité de sa vie à l'étude de l'écriture, trouvera-t-il jamais le temps de s'occuper, comme l'exigent nos progrès, de physique, de chimie ou d'économie politique? En outre, classer méthodiquement dans sa tête quarante ou cinquante mille caractères différents, c'est affaire de mémoire et cela n'exerce guère le raisonnement ou le jugement, et je ne crois pas me tromper en disant que le plus beau cadeau que l'Europe pourrait faire à la Chine et au Japon serait tout simplement de leur faire adopter notre A B C.

M. Robertson et M. Mitford étaient encore, au moment où je les ai vus, sous l'impression d'une des scènes les plus émouvantes à laquelle on puisse assister au Japon : je veux parler d'un *hara-Kiri*. On se souvient que, lors du passage sur le Tocaïdo d'un des grands princes japonais, deux Européens, ignorant qu'en cela ils violaient gravement les usages du pays, crurent pouvoir traverser la route en passant au milieu de son cortége. L'officier japonais qui commandait l'escorte donna immédiatement l'ordre de faire feu, et le dévouement un peu fanatique qu'il témoignait ainsi à son prince lui valut bientôt une condamnation à mort imposée par nos ministres. Seulement, pour éviter un supplice infamant et dont la honte fût retombée sur toute la famille du pauvre officier, on lui permit de commettre le hara-kiri, c'est-à-dire de se tuer lui-même. Il rassembla donc tous ses amis, et, en présence des représentants de notre civilisation... pardon! le mot m'a échappé, je voulais dire de notre diplomatie... il déclara qu'il mourrait sans remords, qu'il avait cru agir selon son devoir en faisant respecter son souverain, et, prenant le plus petit de ses sabres, il s'ouvrit le ventre lentement et sans broncher depuis le côté gauche jusqu'au côté droit ; puis il pencha la tête, et celui de ses amis qu'il avait choisi pour lui rendre ce dernier service l'acheva en le décapitant d'un seul coup. Cette coutume est certainement un des traits les plus marquants du Japon ; ici, à l'exemple des temps de notre ancienne chevalerie, l'honneur passe avant tout, la vie n'est rien en comparaison du nom que l'on a reçu de ses pères et que l'on doit transmettre à ses descendants, et ce ne

15

sont pas seulement les choses graves, ce sont souvent de simples questions d'amour-propre qui se dénouent ainsi par le hara-kiri.

Je regrette bien de n'avoir pas pu profiter de mon séjour à Osacca pour aller jusqu'à sa proche voisine, la ville impériale de Kioto. Les étrangers n'y sont malheureusement pas encore admis et le peu que nous en savons n'est dû qu'aux visites toutes récentes et très-courtes que les ministres viennent d'y faire au mikado. On dit que c'est une grande et belle ville, une de ces capitales où l'on voit tous les degrés de la hiérarchie sociale, depuis le chef souverain, les grands princes et leurs suites, depuis l'armée de prêtres qu'y attire la présence sacrée du représentant des dieux, jusqu'aux nombreux ouvriers qui y ont concentré le tissage de la soie et la manipulation du cuivre.

Parler de Kioto m'oblige, je le crains, à aborder ici un sujet bien difficile à traiter dans l'état actuel de notre connaissance du Japon, et sur lequel bien des erreurs ont été commises dans ces dernières années, d'abord par la diplomatie américaine et, à sa suite, par toute l'Europe : il s'agit de la constitution politique du Japon. C'est une question fort obscure et que nul Européen ne peut encore se vanter de connaître entièrement ; mais si je ne prétends pas en savoir plus long que d'autres, j'espère du moins que mes amis seront contents d'avoir là-dessus une opinion parfaitement désintéressée, et que nul passé n'engage dans un sens ou dans l'autre. Je ne la donne toutefois que pour ce qu'elle vaut, et n'éprouverai aucune fausse honte à la modifier plus tard si les événements ne viennent pas justifier mes prévisions.

Le Japon, aux temps les plus reculés, nous apparaît gouverné par un descendant direct des dieux, sinon par un dieu lui-même, par le mikado, pouvoir spirituel et temporel tout à la fois. Pour la bonne administration de ses États, ou bien lorsqu'il voulut favoriser quelqu'un de ses fils cadets (car ce dieu se marie et a même plusieurs femmes), le mikado délégua bientôt le gouvernement de ses provinces les plus éloignées à des lieutenants, nommés à temps dans le début, et qui de concession en concession obtinrent l'hérédité de ces charges dans leurs familles. Ces lieutenants, je ferais mieux de les appeler maintenant des princes, donnèrent à leur tour des priviléges héréditaires à leurs partisans les plus dévoués, et ainsi se créa peu à peu la féodalité qui existe encore aujourd'hui au Japon.

Le mikado resta le suzerain et les princes continuèrent à se prosterner comme par le passé devant l'auguste majesté du fils des dieux ; mais ils agirent de plus en plus selon leur bon plaisir dans les limites de leurs États, si bien qu'un jour le mikado, désireux d'entraver cette marche vers une indépendance complète, crut devoir introduire un nouvel élément dans la machine gouvernementale et créa le poste de *shiogoune*, appelé souvent par nous *taïkoune*, sorte de maire du palais ou de généralissime chargé de faire exécuter les ordres du pouvoir suprême. Ces shiogounes imitèrent bientôt le jeu qu'avaient joué les princes : nommés d'abord pour un temps, ils aspirèrent à l'hérédité, et, à la fin du xvıe siècle, ils arrivèrent, après les usurpations successives de trois soldats de fortune qui prirent le pouvoir l'un à la suite de l'autre, à dépouiller le mikado de ses dernières propriétés territoriales et à ne lui laisser que son autorité spirituelle et son prestige divin, derrière lesquels ils s'abritèrent pour chercher à imposer autant que possible leurs propres décisions à tout le pays.

Ces trois césars se nomment Nabounaga, Taïco-Sama et enfin Hiéas, le dernier et le plus célèbre de tous. L'accroissement de leur puissance et leur marche évidente vers la centralisation et l'annexion générale ne pouvaient qu'amener une lutte terrible entre eux et ces princes que nous avons vus si anxieux d'établir leur propre indépendance. Une coalition se forma contre Hiéas

et elle aboutit à la grande bataille d'Osacca,
en 1615.

C'est ici qu'il importe de bien préciser, car
nous sommes arrivés à l'origine de l'erreur com-
mise dans les appréciations de nos diplomates.
La victoire de Hiéas ne le rendit pas maître souverain, et la lutte se termina, non pas par une
subjugation complète et par l'établissement d'un
pouvoir central unique, mais bien par un com-
promis dont voici les bases : Hiéas eut la propriété
territoriale de la belle province de Quanto, avec
Yedo pour capitale, et, comme annexes en dehors
des limites de sa principauté, les ports importants
d'Osacca, de Nagasaki et d'Hakodadi. Il garda en
outre le titre et le rôle de shiogoune, c'est-à-dire
d'exécuteur des volontés du mikado. Les princes,
eux, au nombre de 18 grands kokoushis et d'une
certaine quantité de seigneurs moins importants,
conservèrent chacun leurs États et formèrent entre
eux, aussi bien qu'avec la principauté de Quanto,
une sorte de confédération que l'on plaça sous la
présidence du mikado, nécessaire à l'indépendance relative de tous et dont le caractère divin ne
pouvait du reste supporter aucune atteinte. Dans
l'esprit de cette confédération, chaque prince restait souverain maître dans l'intérieur de ses États,
ce n'était que pour les questions étrangères ou

pour quelques objets d'intérêt général que le
mikado pouvait intervenir par l'intermédiaire de
son shiogoune, en s'inspirant naturellement des
opinions de la majorité.

La possession de la plus riche et de la plus forte
des provinces du Japon et le rôle de shiogoune
faisaient certainement de Hiéas le plus important
de tous les princes; cela ne lui donnait cependant
pas, comme on se l'est trop imaginé chez nous,
l'autorité d'un empereur temporel, et l'étude un
peu plus approfondie de l'histoire réelle de cette
époque eût sans doute empêché nos diplomates de
se tromper comme ils l'ont fait.

Rien n'était venu changer la situation lorsque,
250 ans plus tard, nous obtînmes de renouer des
relations avec le Japon. Le pays avait eu deux
siècles et demi de paix et de tranquillité, aucun
changement politique ne s'était produit; la seule
chose que l'on eût pu remarquer et qui certes ne
venait pas augmenter la puissance des successeurs
d'Hiéas, c'était l'opposition que se faisaient, dans
la famille même du shiogoune, les deux branches
rivales des Xsiou et des Mito.

Nous arrivons, et aussitôt nous nous construi-
sons un Japon de fantaisie; nous posons d'abord
comme principe fondamental qu'il ne faut rien
croire de ce que disent les Orientaux : le shio-

goune prétend qu'il ne peut consentir à l'accès
des étrangers qu'après avoir obtenu l'autorisation
du mikado et par suite des princes du Japon, il
demande du temps pour cela..., la diplomatie civi-
lisée y voit un subterfuge évident. Si le shiogoune
se fait ainsi petit, c'est pour mieux nous tromper;
effrayons-le d'abord en lui montrant nos canons,
et, pour lui ôter tout prétexte, ayons l'air ensuite
de lui offrir notre concours contre ceux des princes,
ses *vassaux*, qui oseraient se révolter! Et ainsi nous
faisons tant, que le shiogoune finit par sortir de
ses attributions légales et se met à dos le reste du
pays.

Alors les anciens souvenirs se réveillent, les
princes de Satsouma, de Tcho-Chiou et d'autres
ont encore sur le cœur leurs défaites de Sekin-
ghara et d'Osacca, le mikado n'a pas pardonné à
Hiéas la spoliation de ses domaines; on conspire,
on achète des fusils, des canons, des steamers; on
réveille surtout les sentiments religieux du peuple
à l'égard de la personne divine du mikado, et un
beau jour l'Europe étonnée apprend que le puissant taïkoune est en fuite, que le mikado reprend
le pouvoir exécutif direct et la possession du Quanto
et des villes d'Osacca, de Nagasaki, etc., et que,
chose plus extraordinaire encore, tout cela n'al-
tère pas d'une façon radicale la constitution poli-

tique du Japon qui reste une confédération sous
la présidence du mikado. Il n'y a plus de shiogoune, voilà tout!

Maintenant il faudra sans doute un certain
temps pour que l'équilibre s'établisse. Les kokoushis du sud, et Satsouma tout particulièrement, qui ont été les instigateurs directs du dernier mouvement, ne résisteront peut-être pas à la
tentation de profiter de leur position actuelle pour
prendre une influence trop prépondérante auprès
du mikado. Les princes du nord, au contraire, qui
toujours ont éprouvé peu de sympathie pour ceux
du sud, demanderont son indépendance relative.
Mais, quoi qu'il arrive, l'Europe saura que le shiogoune n'était pas un empereur, et qu'au mikado
seul appartenait et appartient le droit de traiter au
nom du Japon.

22 juillet 1868.

J'ai eu le plaisir de faire dernièrement la connaissance de M. de Montblanc, l'ancien représentant du prince de Satsouma à l'Exposition de Paris,
et d'être invité par lui à l'accompagner à Kagosima.
On sait que les États de Satsouma n'ont encore été
ouverts qu'aux rares étrangers que ce prince y a
lui-même appelés, et nul touriste n'avait encore
eu, je crois, la bonne fortune de pouvoir les visi-

ter ; il fallait pour cela rencontrer l'homme aimable et instruit qui, arrivé au Japon en amateur, s'est pris d'un intérêt tel pour la politique de ce pays, qu'il y consacre maintenant tout son temps et toutes ses études.

Nous sommes partis par le navire cuirassé anglais *l'Océan*, et notre entrée dans la baie majestueuse de Kagosima a été aussitôt le signal d'une série de fêtes dont le souvenir réjouira longtemps tous ceux qui y ont participé. Ce peuple de Satsouma que l'on nous avait représenté comme si féroce, ces officiers si jaloux des étrangers, ces princes enfin si hautains, il fallait les voir tous nous entourer de prévenances et d'amabilités. C'était chaque jour quelque plaisir nouveau, et je suis encore à me demander si c'est bien un mois tout entier qui s'est écoulé là si rapidement pour nous.

Nous logions dans la maison japonaise qui, depuis un an, est affectée aux quelques Français que le gouvernement de Satsouma a fait venir d'après les conseils de M. de Montblanc, les uns pour instruire ses troupes, les autres pour développer les travaux de ses mines d'or et d'argent. Je n'ai pas besoin de dire que si les meubles y faisaient peut-être un peu défaut, la cordialité et la gaieté n'y manquaient jamais, et que nous avons scellé là, à

4,000 lieues de la France, une bonne et franche amitié.

La *maison française* est parfaitement située sur le bord de la mer, au milieu des arbres et du gazon, et la vue dont on y jouit est fort belle : à droite on aperçoit la ville adossée à de hautes collines touffues, devant soi c'est la nappe limpide et bleue de la baie, enfin, un peu à gauche, s'élance du milieu même des eaux et sous forme d'une île majestueuse, le volcan du Sakourasima, qui, couvert à sa base de plantations d'orangers, élève jusqu'à une hauteur de 4,000 pieds son cône cendré.

Nous avons donné un jour une jolie fête aux princes, qui, pour faire honneur à M. de Montblanc, avaient consenti à venir dîner, pour la première fois de leur vie, avec des Européens. Nous avions fait faire deux cents lanternes de couleur aux armes de la France, de Satsouma et de l'Angleterre, et nous les avions disséminées dans le jardin ; le capitaine Stanhope, de *l'Océan,* avait bien voulu aussi nous envoyer la musique du bord, et contribuer ainsi à faire voir à nos invités japonais comment on s'amuse en Europe.

Chaque jour amenait du reste son divertissement : c'était tantôt un carrousel donné par la cavalerie de M. Dubief ou un exercice de tir de l'artillerie de M. Laurent, tantôt un 'pique-nique dans le parc d'Ysso ou plus souvent encore une longue promenade dans les rues de Kagosima. La ville est grande et belle ; elle doit contenir près de 150,000 habitants et se divise en deux parties tout à fait distinctes : le quartier commerçant, d'apparence assez misérable, et celui des officiers qui n'est, je crois, surpassé nulle part au Japon. Les rues y sont larges, propres, sablées, bordées par des haies de verdure derrière lesquelles s'abritent, au milieu des arbres, des maisons bien simples, mais toujours attrayantes. Si l'on me demandait de définir Kagosima en une seule phrase, je dirais que c'est *une ville à la campagne*. On se sent là si heureux que l'on ne s'étonne nullement de la gaieté bienveillante que l'on rencontre partout. Nous étions entourés sans cesse par une foule d'hommes et de femmes, aussi bien que d'enfants, avides certainement de voir des étrangers, mais qui ne s'écartaient jamais de la politesse la plus stricte. Quel plaisir pour eux que de surveiller tous nos mouvements, de faire leurs remarques à haute voix, de répondre avec entrain et bonhomie aux mots d'amitié ou de plaisanterie que nous leur adressions ! Et quand nous voyions quelque jolie jeune femme, accoudée à la balustrade de son jardin et que nous la saluions en nous inclinant, comme elle nous répondait gentiment et sans affectation ! Quelquefois cependant nous faisions un peu peur aux petites filles, et il fallait les voir alors s'enfuir moitié inquiètes, moitié riantes et de la façon la plus comique. serrées qu'étaient leurs jambes dans leur petit foulard rouge.

Dans nos promenades nous finissions presque toujours par arriver devant quelque maison où l'on donnait une fête ; on nous faisait aussitôt entrer, nous nous asseyions au milieu des invités et nous assistions à la représentation d'une *chibaya*.

C'est le divertissement par excellence du Japon ; il consiste en danses ou en petites scènes mimées, exécutées soit par des jeunes filles, comme je l'ai vu faire à Osacca, soit par des enfants de dix à douze ans, comme c'est l'usage à Kagosima. Les Japonais en font leurs délices, mais pour moi j'avoue que ces gestes toujours les mêmes et cet éventail qui joue constamment le premier rôle me paraissent monotones et me laissent froid.

L'une de nos fêtes les plus intéressantes a été le dîner d'adieu que les princes nous ont offert la veille de notre départ. *L'Océan* nous avait quittés depuis longtemps, et la politique n'ayant plus rien à y voir, il s'agissait d'une réunion tout à fait intime. Nous fûmes reçus par deux des princes et par les ministres. Nous échangeâmes, avec toutes

les cérémonies voulues, les salutations d'usage,
puis nous nous assîmes à la japonaise, c'est-à-dire
sur les nattes, en une ligne qui faisait vis-à-vis
à celle de nos hôtes. Le repas commença par des
sucreries, auxquelles succédèrent des poissons
cuits, du poisson cru, du riz, des champignons et
des sauces de toute sorte; chaque service était
apporté pour chacun de nous dans des bols de
laque sur une petite table basse, et nous man-
gions, bien entendu, avec les baguettes chinoises.
On se levait chacun à son tour pour aller prendre
la tasse de celui auquel on voulait faire honneur,
et on la vidait d'un seul coup, après l'avoir fait
remplir par l'une des femmes qui nous servaient.
Au milieu du dîner, les princes déclarèrent qu'il
ne fallait pas rester plus longtemps en cérémonie
et qu'ils allaient rompre les rangs; ils vinrent s'asseoir au milieu de nous, et bientôt le saki aidant,
en même temps que le jeu de la morra, plus ré-
pandu peut-être au Japon qu'il ne l'est même en
Italie, la gaieté devint presque bruyante. On ne
se sépara que fort tard et en se donnant rendez-
vous à Paris, que le prince Bingo veut absolument
voir.

Pour venir de Nagasaki à Kagosima, à bord de
l'Océan, il ne nous avait fallu que vingt-quatre
heures : pour nous en retourner ce fut une autre

affaire, et nous eûmes à prendre une longue
leçon de patience pendant les huit jours que dura
notre voyage, partie à cheval , partie en jonque.
Les Japonais n'ont décidément aucune idée de la
valeur du temps, on ne les voit jamais se presser,
et leur paresse saisit toutes les occasions de s'arrêter et de remettre les choses au lendemain. C'est
le plus grand défaut que je leur reconnaisse jusqu'ici.

CHAPITRE XIII.

YOKOHAMA. — LE TOCAÏDO. — YED .

18 septembre 1868.

Je suis tout surpris de m'apercevoir qu'il y a près de deux mois que je n'ai ouvert mon journal. C'est que la vie s'écoule au Japon plus facilement que nulle part ailleurs; les journées y sont remplies de petits riens qni occupent autant que de grands événements. Sous ce beau ciel et cet air si pur, il n'est pas besoin de songer à la politique, aux affaires ou à l'étude; une promenade dans la campagne, une tasse de thé en face d'un beau paysage, ou bien un peu de furetage dans les boutiques de bric-à-brac, voilà tout ce qu'il faut pour vous occuper du matin au soir; c'est ici le pays de la flânerie exempte de soucis.

Les Japonais ont à un très-haut degré le sentiment du beau; que de fois ne suis-je pas frappé,

lorsque les marchands viennent me trouver à
l'hôtel de Yokohama où je suis à présent, de voir
qu'avant de songer au négoce ils restent un moment en contemplation devant la vue que l'on a
de mon balcon! Et comme ils m'apportent de
belles choses : leurs armes, leurs bronzes, leurs
ivoires, leurs laques surtout! Et comme chacun
sait les apprécier, avec quelle admiration respec-
tueuse on contemple les objets bien réussis, et
quel prix les grands seigneurs, d'apparence si
simple pourtant, ne mettent-ils pas aux œuvres
d'art! J'ai vu payer jusqu'à 2,000 francs une boîte
de laque dont nous n'aurions certes pas offert le
quart en Europe. Et leurs sabres qui, dans les familles, ont chacun leur histoire et se transmettent
religieusement de père en fils!

On trouvera peut-être que je vois toujours le
Japon au travers d'un prisme; on m'en accusera
surtout à Yokohama, dans cette ville au trois quarts
européenne qui, ne lui en déplaise, n'a pas attiré
autour d'elle l'élite des Japonais, et où on me paraît connaître le Japon moins que partout ailleurs.
On dira ce que l'on voudra, je n'ai qu'un souci,
celui d'écrire fidèlement mes impressions, et
celles-ci sont certes tout en faveur de ce charmant pays. Plus d'un voyageur fera sans doute
comme moi : venu pour y passer six semaines,

il s'y trouvera encore au bout de quatre mois!

Je n'oublierai jamais ces maisons de thé pittoresquement placées sur le haut d'une colline ou
sur le bord de quelque frais ruisseau, où, tandis
que mes yeux suivaient irrésistiblement les allées
et venues des jeunes servantes qui recevaient les
visiteurs, les plus pauvres comme les plus riches,
avec le même sourire et la même grâce, avec la
même politesse exquise, j'écoutais les récits de
quelque ami plus au courant que moi des coutumes du pays. Il s'agissait tantôt, comme dans
l'histoire célèbre des quarante Iônines, de ce sentiment d'honneur exagéré qui pousse tout bon Japonais à laver dans le sang de l'adversaire l'injure faite
à son chef, et à se suicider ensuite en s'ouvrant lui-
même le ventre; ou bien il était question de l'usage
si fréquent de l'adoption et des avantages de cette
coutume, qui permet de donner au nouveau venu
les mêmes droits et la même position qu'occupe
déjà le reste de la famille. Jamais je n'ai entendu
parler de vols et il semble qu'au Japon il y ait plus
d'honnêteté que chez nous. Cela tient peut-être
aussi à des mesures que notre civilisation plus
avancée a, je crois, raison de répudier, mais qui
n'en ont pas moins ici de très-bons résultats et qui
sont, d'une part, un système d'espionnage des plus
complets, et, d'autre part, des lois draconiennes

où la peine de mort se présente à chaque instant.

Je suis arrivé à Yokohama il y près d'un mois, et mes premières impressions ne lui ont pas été très-favorables. La ville est bâtie sur un ancien marais encore entouré d'eau de toutes parts, et il n'y a rien de séduisant dans l'aspect de ses bureaux et surtout de tous les hangars massifs qu'à la suite du grand incendie de 1866 on a bâtis à l'épreuve du feu. Le quartier japonais n'a guère meilleure apparence ; il ne se compose, pour ainsi dire, que de boutiques de marchands de soie et surtout de vendeurs d'objets en laque, en bronze et en ivoire. Mais il faut dire qu'on y trouve des choses ravissantes, et, pour peu que l'on s'habitue au bout de quelque temps aux prix exorbitants qu'il faut payer, on arrive à passer des journées entières à brocanter de droite et de gauche : c'est la maladie épidémique de Yokohama, et les résidents n'y échappent pas plus que les étrangers. Quand on se rencontre, on ne se demande pas comment on se porte, on dit plutôt : Qu'avez-vous acheté aujourd'hui ?

Il y a 6 ou 700 Européens à Yokohama, non compris le régiment anglais et les quelques compagnies françaises que, dans ces temps de guerre civile, nos ministres ont cru devoir faire camper à côté de la ville, et non compris les équipages des nombreux bâtiments de guerre de toutes nations qui encombrent la rade et qui portenf le nombre de nos protecteurs à quelque chose comme cinq soldats pour chaque résident ! C'est ici que les ministres et les consuls étrangers ont tous leur résidence, et qu'ont lieu la plupart des relations commerciales que nous avons avec les Japonais ; c'est d'ici que partent presque toutes les 15,000 balles de soie que l'Europe achète chaque année au Japon et les deux tiers des 12 ou 15 millions de livres de thé qui s'exportent presque entièrement sur l'Amérique ; enfin, si pour la vente des steamers et des armes, Nagasaki rivalise peut-être avec Yokohama, ce dernier port est par contre le grand marché pour les produits manufacturés d'Europe. Il faudra voir maintenant l'influence qu'aura sur son avenir l'ouverture récente de Hiogo et d'Osacca et l'admission prochaine des négociants étrangers dans la grande ville de Yedo ; j'aime mieux poser la question que de la résoudre, et je laisse à l'avenir le soin d'y répondre. Mais puisque je parle commerce, je ferai bien d'ajouter que, contrairement à ce qui se passe dans le reste de l'extrême Orient, les maisons anglaises n'ont pas ici la haute main ; les affaires sont partagées entre les négociants de toutes les nations, et je suis heureux de dire que les Français, s'ils n'ont pas encore toute la part qui devrait leur revenir, en ont du moins une bonne portion.

J'ai dit qne la ville de Yokohama était laide ; j'ai hâte d'ajouter maintenant que les environs en sont, par contre, ravissants. Il y a d'abord, tout près du quartier européen, une grande colline qui depuis quelques mois se couvre assez rapidement de charmantes maisons de campagne; c'est là qu'au milieu des arbres s'élève le petit hôtel, à peine achevé, dans lequel je loge, et d'où, accoudé sur mon balcon, je puis voir d'une part la rade et l ville, d'autre part les champs, les prés et les bois, et, droit devant moi à une distance d'une vingtaine de lieues, le célèbre Fusiama, la montagne sacrée, qui projette son cône régulier à une hauteur de 13 ou 14,000 pieds. De tous côtés il y a de jolies promenades à faire ; la plus connue, en même temps que l'une des plus agréables, est celle du Mississipi-Bay-road. Il est impossible d'avoir, dans une course à pied de deux heures, des points de vue plus variés ; c'est la richesse de la campagne normande jointe à l'éclat de la verdure de Java.

J'ai fait, ces jours derniers, une excursion des plus intéressantes à Yedo. Il est assez difficile d'y aller, aucun Européen n'y demeure depuis plusieurs mois, et l'on dit qu'il y a quelque danger à s'y aventurer, à cause de la guerre; mais cette fois-ci encore, comme en plusieurs occasions déjà, je n'ai eu qu'un mot à dire pour trouver chez les Hollandais l'amabilité la plus prévenante. Le ministre des Pays-Bas, M. de Polsbrook, s'est mis lui-même en tête de notre petite troupe, et il a su nous faire passer six journées qu'aucun des quatre amis qu'il avait avec lui n'oubliera jamais.

Yedo est distante de Yokohama d'environ six ou sept lieues : on peut s'y rendre par bateau le long du golfe, ou en voiture en suivant le Tocaïdo. Nous avons pris l'une de ces voies pour aller et l'autre pour revenir ; le golfe n'a rien de remarquable et il est fort insipide ; quant à la route de terre, elle est délicieuse. C'est une avenue sablée, bordée d'arbres çà et là, mais presque toujours alignée entre deux rangées de maisons, car ce Tocaïdo traverse tant de villes, de villages et de faubourgs, qu'il est une grande rue plutôt qu'une route. Nous faisions fort bon effet dans notre voiture découverte, précédés et entourés que nous étions d'une vingtaine de yakounines à cheval. Chacun se mettait sur sa porte pour voir passer les To-jins, les mères accouraient avec leurs enfants, les gamins nous criaient le joyeux bonjour japonais : ohaïo, ohaïo! et les nombreux voyageurs qui allaient ou venaient, les uns à pied, les autres en chaises à porteurs, se rangeaient respectueusement en ouvrant de grands yeux pour pouvoir donner à leurs familles tous les détails de leur rencontre avec notre machine roulante.

Une seule chose préoccupait un peu M. de Polsbrook : il espérait que nous ne rencontrerions pas de cortége de daïmio, car, avec les usages féodaux et le dévouement fanatique que les guerriers ont pour leurs princes, c'est toujours là un danger. Voilà que tout à coup ce cri tant redouté se fait entendre : Les voici, les voici! Nous avançons, et bientôt nous ne sommes plus qu'à une distance d'une vingtaine de pas les uns des autres ; là, chaque parti s'arrête en même temps, mutuellement indécis. Le chef de notre escorte se porte en avant, on l'oblige à descendre de cheval et à mettre chapeau bas ; enfin nous nous mettons sur un des bords du chemin, et tout le cortége défile à côté de nous. C'était d'abord une avant-garde de soldats habillés à l'européenne et le fusil sur l'épaule, puis une chaise à porteurs soigneusement fermée, de façon à nous dérober la vue du grand personnage qu'elle contenait; ensuite venait un cheval de bataille conduit en main par deux varlets, enfin un grand nombre de soldats et une énorme file de porteurs de malles et de caisses, car ici il est d'usage que les nobles ne sor-

tent jamais sans un bagage imposant. M. de Polsbrook, pour qui le Japon est une vieille connaissance, lui qui s'y trouve depuis dix ans et qui,
parti très-jeune pour les pays lointains, est peut-
être le seul Européen qui puisse dire encore n'avoir
jamais vu de chemin de fer, regardait passer ce
cortége de l'air d'un homme qui se demande si
son revolver est bien en place ; nous, au contraire,
nous étions tout à la curiosité et au plaisir. Tout
se passa fort bien heureusement, et bientôt après
nous arrivions à la rivière de Logo, qu'il faut traverser en bateau, et nous nous arrêtions un instant à la maison de thé de Kavasaki. Ici je voudrais bien parler une fois de plus de la gracieuseté
des mousmés, mais mes amis trouveraient peut-
être que je m'en occupe trop, et je me tais.

Traverser une rivière en bateau est toujours une
chose animée ; il en est ainsi surtout pour le passage du Logo, que franchissent continuellement
de longues caravanes d'hommes, de femmes, de
chevaux et de chaises à porteurs. Au delà de la rivière, la route reste charmante, elle est délicieusement entretenue avec des coquillages brisés, et
elle côtoie de si près la baie de Yedo, que souvent
l'eau vient en baigner le bord. Bientôt nous entrons dans le faubourg de Sinagawa, redouté de
tous comme le quartier le plus turbulent de la ca-

pitale ; nous passons devant les Légations, fermées
depuis plusieurs mois, de France, d'Angleterre et
de Hollande, et nous arrivons au superbe hôtel
qu'une compagnie de Japonais vient de bâtir pour
les Européens, en vue de l'ouverture prochaine de
Yedo à notre commerce. On est tout surpris de
trouver au milieu des maisons japonaises une
vaste construction européenne qui, placée sur le
bord de la baie, rappelle nos beaux établissements
de bains de mer et témoigne de la promptitude de
ce peuple à adopter nos progrès.

Yedo est, dit-on, une des villes les plus étendues
qu'il y ait au monde ; elle n'a jamais contenu, aux
temps même de sa plus grande prospérité, qu'un
million et demi à deux millions d'habitants, mais
le château de l'ex-taïkoune, les yaskis des princes
daïmios et plusieurs grands parcs prennent autant
de place qu'il en faudrait chez nous pour une ville
deux fois plus populeuse. L'emplacement du château occupe le centre de la ville ; il est entouré
d'une belle muraille de granit et d'un large fossé,
et il comprend dans son enceinte plusieurs collines et de grands jardins, outre le palais du taïkoune et ceux de quelques-uns de ses vassaux les
plus directs. Tout autour et formant une espèce
de cercle concentrique, se trouve le vaste quartier
des daïmios, défendu lui aussi par une muraille,

au delà de laquelle la ville du peuple, des marchands et des artisans s'étend à perte de vue dans
toutes les directions.

Les yaskis dont se compose le quartier des
daïmios sont tous bâtis dans le même style ; chacun d'eux est une vaste cour, entourée, sur le
bord de la rue, non pas d'une simple muraille,
mais de longs corps de bâtiment formant dépen-
dances et servant de demeure aux gens de la suite
du prince ; l'habitation de celui-ci et de ses principaux officiers est au milieu de l'enceinte et ne
paraît pas aux yeux des passants. Une seule porte
est percée dans ces corps de logis extérieurs qui,
sombres et sévères, ont souvent plusieurs centaines
de mètres de longueur sur un seul de leurs côtés ;
cette porte est en bois massif, et dans les beaux
temps du taïkounat elle était garnie d'ornements
de bronze et des armoiries du daïmio. Aujourd'hui
la révolution gouvernementale a tout changé : les
ornements ont disparu, le quartier officiel est désert, l'herbe croît épaisse et haute dans les rues et
la plupart de ces palais, qui naguère comptaient
par milliers les soldats et la suite de leurs maîtres,
ont à peine aujourd'hui un portier pour gardien.
On ne saurait imaginer rien de plus triste, dans
sa grandeur passée, que ce quartier officiel, abandonné maintenant que le taïkoune est exilé dans

une de ces terres et que les princes sont tous partis pour Kioto ou rentrés dans leurs domaines. Aussi je souhaite bien de voir se confirmer la nouvelle qu'on nous apporte à l'instant et qui annonce la décision du mikado d'établir à Yedo sa nouvelle résidence officielle.

Quant à la ville du peuple, qui se compose des mêmes maisons basses et des mêmes boutiques que j'ai déjà décrites en parlant du reste du Japon, elle est encore assez animée; il est évident toutefois que si la crise actuelle devait se prolonger longtemps encore, Yedo en souffrirait extrêmement et que l'on pourrait même voir cette grande et belle capitale témoigner une fois de plus de l'instabilité des choses humaines.

Nous avons fait plusieurs promenades en ville et dans les environs, soit à pied, soit en voiture. Nous sommes allés visiter le temple d'Ouéno et les jolies maisons de thé qui s'élèvent à Ehin-no-hatta, au milieu d'un petit lac couvert de nénuphars; nous avons passé un soirée dans le grand jardin du taïkouné, si bien entretenu autrefois sur le bord même du golfe, et négligé aujourd'hui de la façon la plus affligeante. Nous avons déjeuné dans la campagne d'Ooji, dans un petit pavillon bâti sur le bord d'une fraîche rivière; nous avons visité le grand temple d'Asaksa et vu les deux chevaux

blancs que chaque matin les prêtres amènent devant la statue de la déesse O'Quannon-sama en lui
demandant si elle ne désire pas faire quelque
promenade. Autour de ce temple célèbre dans tout
le Japon, de nombreux marchands ambulants
tiennent une foire perpétuelle qui attire toujours
une foule énorme de ces Japonais, si heureux
quand ils peuvent échapper au travail et se livrer
à la flânerie; là on peut voir les marionnettes et
les automates, l'homme caoutchouc et le décapité
parlant! Nous avons descendu en bateau le fleuve
d'Ogawa qui traverse la ville et dont les nombreux affluents, canaux et rivières facilitent de
tous côtés le transport des marchandises. Ce fleuve
se jette dans la baie de Yedo juste au pied de la
concession européenne que l'on est en train de
préparer pour nos négociants et qui sera parfaitement située. Malheureusement la baie n'a que
très-peu de profondeur en face de Yedo et nos
navires seront obligés de mouiller à une distance
de plusieurs milles. Notre dernière promenade et
la plus belle de toutes a eu pour but d'abord la
colline d'Atango-yama, d'où l'on découvre certainement le panorama le plus étendu sur la ville,
ensuite les tombeaux des taïkounes, immense et
magnifique parc où, au milieu d'arbres séculaires,
s'élèvent de nombreux temples, d'une architecture

si gracieuse et si pure que je me suis rappelé aussitôt les monuments de l'empire du Grand-Mogol. Mais aux Indes la palme, la palme toujours! Rien ne peut et ne doit se comparer au Taj d'Agra.

Enfin nous avons voulu voir aussi la place où s'est passée l'une des scènes sanglantes les plus dramatiques auxquelles ait donné lieu notre arrivée au Japon : je veux parler du meurtre du gotaïro, et pour bien le faire comprendre je dois donner d'abord quelques détails préliminaires. Lorsqu'en 1853 la flotte américaine, sous les ordres du commodore Perry, parut tout à coup dans la baie de Kanagawa et demanda la conclusion d'un traité d'amitié, il y eut grand émoi à Yedo. Le prince de Mito, l'un des plus proches parents de la famille taïkounale, se mit à la tête du parti ultra-national et s'opposa vivement à toute dérogation aux lois sacrées de Gongen-sama qui interdisaient aux étrangers l'accès du pays. Le taïkoune Minamotto Yeshi se contenta de demander au commodore Perry un délai de quelques mois, nécessaire pour réunir un grand conseil de tous les daïmios, et peu de jours après il paya de sa vie cet acte de modération. Son fils, Minamotto Yesada, lui succéda sous la tutelle du régent ou Gotaïro Ikammo-no-kami. Celui-ci se décida pour la même politique temporisatrice qui devait, selon lui, don-

ner aux Japonais le temps de s'armer et de mettre
leurs côtes en état de défense. Le premier traité
américain fut signé ; il ne donnait toutefois que
des avantages très-restreints : la permission aux
navires de se ravitailler à Hakodadi et à Simoda,
et la faculté pour les États-Unis d'établir un consul dans ce dernier petit endroit. Mais en 1858
M. Townsend Harris, alors consul à Simoda, sut
profiter habilement du voisinage de la flotte an-
glo-française que la guerre de Chine avait amenée
à Tientsin et il obtint, malgré une nouvelle résis-
tance acharnée du prince de Mito, la conclusion
d'un second traité beaucoup plus complet, et qui
servit de modèle peu de temps après à ceux que
la France et l'Angleterre vinrent réclamer à leur
tour. Ce traité était à peine signé que le taïkoune
mourait subitement et sans enfants, mettant ainsi
le prince de Mito au premier rang des prétendants
au shiogounat. Le régent Ikammo-no-kami, ennemi de Mito, accusa aussitôt celui-ci d'être l'ins-
tigateur du crime, et il réussit à le faire bannir
dans ses terres. C'est à la suite de ces événements
qu'au mois de mars 1860, un jour qu'Ikammo-no-
kami se rendait au palais entouré comme d'usage
par une nombreuse garde d'honneur, on vit subitement dix-sept des plus fidèles soldats du prince
de Mito sortir on ne sait trop d'où, se frayer un che-

min sanglant jusqu'au gotaïro, lui trancher la tête
et s'enfuir avec ce trophée hideux que sept ou
huit d'entre eux, les seuls survivants, allèrent déposer aux pieds de leur seigneur et maître. C'est
ainsi qu'au Japon un sujet fidèle venge l'injure
faite à son prince!

25 octobre.

Je devais m'embarquer le 25 septembre, mais
au dernier moment je me suis décidé à prolonger
encore d'un mois mon séjour dans ce charmant
pays. Cela m'a procuré l'occasion de parcourir
tous les environs de Yokohama, d'aller à Ka-
nasawa, à Kamakoura, au Daïbouts, de visiter
enfin Yokoska et le grand arsenal qu'y construit
pour le gouvernement japonais, un corps d'ingénieurs français sous la direction remarquable de
M. Verny.

Aujourd'hui, je dis décidément adieu au Japon,
je vais prendre la ligne américaine qui traverse
tout l'océan Pacifique, et, si tout va bien, j'espère
arriver à San-Francisco dans vingt-deux jours...
Vingt-deux jours sans voir la terre, ce sera long!

CHAPITRE XIV.

L'OCÉAN PACIFIQUE. — SAN-FRANCISCO. — LES MINES D'OR
DE GRASS-VALLEY. — LA SIERRA-NEVADA.
LES MINES D'ARGENT DE VIRGINIA-CITY. — UNE VISITE
AUX MORMONS ET A BRIGHAM-YOUNG.
LES TRAVAUX DU CHEMIN DE FER DU PACIFIQUE.
LES MONTAGNES ROCHEUSES.

25 novembre 1868.

Il nous a fallu vingt-six jours pour traverser de
Yokohama à San-Francisco et nous avons eu le
bonheur d'avoir pendant tout ce temps beau ciel
et mer calme comme si l'océan Pacifique avait
tenu à justifier de son nom auprès de nous. La
dis-tance que nous avons parcourue ainsi a été
de 5,200 milles, soit plus de 8,000 kilomètres, sans
que nous ayons jamais pu voir une seule terre, en
suivant, comme nous le faisions, le 30e degré de
latitude, que l'on choisit de préférence à cause de
ses calmes habituels.

Le plus grand événement de notre traversée a
été d'avoir coup sur coup deux lundis 9 novembre.

Quand on fait le tour du monde en allant de l'ouest à l'est, on se trouve marcher dans le même sens que la terre et avancer, en définitive, d'un jour sur ses compatriotes. Pour se mettre d'accord avec l'almanach les navigateurs sont donc convenus qu'on ferait une correction chaque fois que l'on passerait le 180e degré, et que là on prendrait deux fois de suite la même date quand on arriverait dè l'ouest, comme, au contraire, on sauterait un jour quand on irait dans la direction opposée.

Nous avions à bord 4 ou 500 Chinois qui allaient chercher fortune dans le pays de l'or. Une partie d'entre eux comptait y exercer les petits métiers dans lesquels ils excellent, comme ceux de tailleur, de cordonnier ou de blanchisseur; la plupart étaient engagés d'avance pour les travaux de terrassement du chemin de fer du Pacifique; tous songeaient sans doute déjà à l'époque du retour, car l'amour de la patrie est si fort chez eux que, lorsque les circonstances ne leur permettent pas d'y retourner de leur vivant, ils chargent toujours leurs amis d'y renvoyer leur cercueil, pour être enterrés auprès de leurs ancêtres. Ils sont déjà 40,000 en Californie, et ce nombre serait sans doute plus grand si les corporations d'ouvriers blancs, effrayées de la concurrence que leur font

ces travailleurs si persévérants et si économes, ne
s'efforçaient de les décourager par toutes sortes de
tracasseries et n'avaient même obtenu de la législature de l'État plusieurs lois qui leur sont contraires.

La première impression que produit San-Francisco est toute différente des souvenirs que l'on a
du Japon. Il ne s'agit plus ici de fraîche verdure,
de délicieux bosquets, de la manière facile, trop
facile, il faut le dire, mais pleine de charme,
dont les Japonais prennent la vie. On sent, dès le
premier instant, que l'on est sur une terre où les
idées, les mœurs, les croyances, doivent être autres, où la vie contemplative est remplacée par
l'énergie, où l'homme ne se croit pas appelé à
jouir seulement des bienfaits de la Providence,
mais surtout à concourir par ses efforts et son travail au développement du monde, au progrès! Ce
progrès est sans doute trop matériel chez les Américains, il est trop accentué dans le sens de l'argent et de la fortune au détriment souvent de la
moralité ; mais c'est une belle œuvre que celle qui
consiste à peupler une terre nouvelle, à tirer parti
de son sol, à y créer enfin chemins de fer et télégraphes. Et si, au moment où l'on a quitté le
Japon, le séjour par excellence de la politesse, de
la sociabilité, du sentiment de l'honneur et du

17

mépris de la richesse, on est heurté par la rudesse
de l'Américain, par son âpre amour du gain, par
son habitude d'évaluer tout en dollars, qu'il s'agisse
de sentiment ou de toute autre chose, par le peu
de soins enfin qu'il se donne pour jouir de la vie
et pour la rendre agréable à ses voisins, il faut
avouer que cette nation s'entend merveilleusement
au développement pratique de l'immense pays qui
lui est échu en partage. Excusons donc chez elle
bien des défauts, car il s'y trouve aussi bien des
qualités !

San-Francisco, qui, chacun le sait, ne date que
de 1848, compte déjà 140,000 habitants et son avenir est superbe. Elle possède le seul beau port que
l'on rencontre le long de la côte sur une distance
de 500 lieues, et elle concentrera donc toujours
le commerce d'une immense étendue de pays.
Sa prospérité, que pendant quelques années on
pouvait croire subordonnée au succès des mines
de l'intérieur, est doublement assurée aujourd'hui
par l'extension de plus en plus considérable de
l'agriculture qui, sous l'influence d'une fertilité
extraordinaire, permet déjà à ce nouvel État d'envoyer jusqu'en Europe ses blés et ses grains.
Outre ses exportations de métaux précieux, de
céréales, de laines et de vins, son commerce recevra un stimulant nouveau par l'achèvement pro-

chain de ce grand chemin de fer du Pacifique qui,
passant hardiment par-dessus la sierra Nevada et
les montagnes Rocheuses, permettra de franchir
en quelques jours les 1,000 lieues qui séparent
New-York de la Californie, et accroîtra de toutes
parts l'importance de ce pays, aussi bien vis-à-
vis de la Chine et du Japon que des États de
l'Atlantique et de l'Europe. Si donc la jactance
américaine est tolérable quelque part, c'est peut-
être ici !

Je ne suis resté que quatre jours à San-Francisco. Le touriste ne trouve pas grand charme aux
collines de sable ou de pierre sèche sur lesquelles
la ville est bâtie, et je vais me mettre en route dès
ce soir pour traverser le continent américain par
les plaines du grand lac Salé où m'attirent les
Mormons, et par les défilés des montagnes Rocheuses où je tiens à voir les travaux du chemin
de fer. La saison est déjà très-avancée, mais j'ai le
bonheur d'avoir pour compagnon de route un
voyageur passionné, M. Buissonnet, que l'intérieur
de la Chine, les déserts de la Mongolie et les froids
de la Sibérie ont préparé à toutes les difficultés, et
j'espère qu'à nous deux nous arriverons à surmonter tous les obstacles.

Nous nous sommes arrêtés d'abord à Grass-
Valley, charmante petite ville de 7,000 habitants,
qui, plus rapprochée de la capitale que les autres
centres miniers, a déjà perdu le cachet de sauva-
gerie et de brutalité que nous trouverons un peu
plus loin. L'agriculture s'y est déjà mêlée aux travaux des mines, et tout le monde semble s'y
plaire. La Californie est, du reste, un pays de co-
cagne pour les gens laborieux, résolus, qui, n'attachant pas grande importance à une éducation
soignée et aux raffinements d'une société plus
policée, cherchent plutôt leur bonheur dans le
travail et dans leur indépendance individuelle.

On se rend fort bien compte à Grass-Valley des
trois méthodes que l'on emploie pour exploiter les
richesses aurifères de la Californie. L'or s'y trouve
soit dans des veines de quartz, soit dans des collines de sable, soit dans le lit des rivières actuelles
ou d'anciens cours d'eau desséchés. Dans les premières années on s'est occupé surtout des rivières ;
c'était l'exploitation la plus facile, car elle se réduisait à en tamiser le fond et les berges, mais
elle est aujourd'hui à peu près épuisée et ne se fait
plus que par quelques individus isolés, par des
Chinois principalement. La seconde manière, qui

est extrêmement originale et que l'on met en œuvre dans ce que l'on nomme les *placer diggings*, consiste à laver, à faire disparaître, au moyen de puissants jets hydrauliques, des collines entières de terre aurifère; l'eau entraîne les parties les plus légères et elle ne laisse que les corps les plus lourds et surtout l'or, dont on se saisit alors facilement par l'amalgamation. Ce second moyen, très-répandu encore, devra être abandonné bientôt aussi, faute de terres exploitables dans de bonnes conditions.

C'est sur le quartz que se concentre de plus en plus l'attention, car c'est là aujourd'hui qu'est surtout la réussite. Il s'agit de trouver, soit dans les flancs d'une colline, soit dans les couches souterraines, une veine favorable dont on réduit le minerai en poussière au moyen de pilons mécaniques pour arriver à en extraire l'or par le mercure. Ces mines de quartz exigent de grands capitaux, aussi sont-elles conduites d'ordinaire par des sociétés d'actionnaires; ce sont des affaires qui n'offrent presque jamais de juste milieu : elles sont ou très-productives ou tout à fait désastreuses, et les fluctuations dans les cours des actions sont des plus considérables. Il faut ajouter aussi que les lois de la Californie sont fort curieuses pour tout ce qui a rapport aux mines, et qu'elles pré-

tent la main aux spéculations les plus répréhen-
sibles.

Le pays, déjà très-joli aux environs de Grass-
Valley , est devenu bientôt magnifique au fur et à
mesure que nous montions les pentes de la sierra
Nevada. Le chemin de fer, achevé sur tout ce parcours, s'est engagé successivement dans plusieurs
belles vallées où des pins séculaires ont pris possession des moindres espaces laissés libres par
d'immenses blocs de granit. Je me souviens surtout du magnifique spectacle qui , au sortir d'un
tunnel, s'est déroulé tout à coup à nos pieds : nous
dominions une immense vallée, silencieuse, grandiose, vierge encore de l'envahissement de la race
blanche, et où, me rappelant les romans de
Cooper, il me semblait que j'allais voir se passer
sous mes yeux quelqu'une des scènes du *Dernier
des Mohicans.* Le ciel était clair et pur, l'air était
froid, nous montions de plus en plus, et de temps
en temps des galeries de bois , protégeant la voie
ferrée contre les avalanches et les tourmentes de
neige, nous avertissaient que nous traversions des
endroits dangereux. Nous atteignîmes, vers midi,
le sommet de la passe , à 7,000 pieds de hauteur,
mais nous n'étions pas encore au bout de nos ex-
clamations enthousiastes, car nous aperçûmes bientôt, à 500 mètres au-dessous de nous , le lac du

Donner au niveau duquel nous descendîmes par une pente rapide, en le contournant entièrement au milieu d'une forêt de pins et d'arbres gigantesques.

Un peu plus loin et à l'intersection de plusieurs vallées adjacentes, nous entrâmes dans la jolie petite ville de Truckee, que l'on jurerait sortie de terre comme par enchantement. Il n'y avait là, il y a quelques mois, que silence et solitude, voici qu'aujourd'hui on y compte déjà 2,000 habitants, et que de tous côtés la hache du charpentier y construit de nouveaux magasins. C'est un endroit d'avenir.

Au delà de Truckee, le pays devient aride et se transforme peu à peu en une sorte de désert d'arbustes épineux ; on s'y sent presque oppressé au milieu de la désolation qui vous entoure et qui s'étend dans l'État entier de la Nevada.

Nous nous sommes arrêtés deux jours pour aller visiter les mines d'argent de Virginia-City, au haut d'une succession de collines désertes et affreusement tristes ; il n'y a certainement pas un arbre à dix lieues à la ronde, et l'on voit les loups et les bêtes fauves se glisser dans les ronces jusqu'aux abords mêmes de la ville. Mais il s'y trouve une belle veine argentifère et 10,000 personnes se sont empressées d'accourir dans ce véritable purgatoire sans se laisser arrêter par la vie qu'on y mène. Les mines y sont très-profondes ; celle que nous avons visitée est à 800 pieds au-dessous du sol, et l'air chaud, humide et vicié que l'on y respire, y met les ouvriers dans un état de transpiration continuelle ; mais leurs salaires sont de 20 francs par jour, et cette idée les soutient. Nous étions là, examinant curieusement les travaux et suivant de l'œil ces hommes presque nus auxquels le reflet rougeâtre des lampes prêtait quelque chose de diabolique, lorsqu'un coup de mine, dont on ne nous avait pas prévenus, partit subitement et un peu trop tôt à côté de nous. Ce fut pour mon compagnon et moi un moment de surprise anxieuse, car les pierres et les débris vinrent rouler sur nos pieds, mais cela nous procura l'occasion d'admirer l'espèce d'instinct des ouvriers mineurs qui tous avaient trouvé en un clin d'œil un endroit où s'abriter pendant que nous étions restés complétement exposés.

Virginia-City est bien la ville de mines que l'on se représente : les maisons de jeu s'y étalent à tous les regards, et les banques de *faro* en sont tenues souvent par des femmes, les débits de boissons y foisonnent, les gens y sont grossiers, toute fausse honte en est bannie, et l'on n'entend parler qu'argent et coups de revolver.

4 décembre.

Les travaux du chemin de fer du Central-Pacific
ne sont terminés encore que jusqu'à Argenti, où
nous avons dû nous mettre en *stage*. C'est ce que
M. Buissonnet appelle une *voiture du sacre*, élevée
sur de grandes roues et qui, lorsque chacun se fait
aussi petit que possible, arrive à contenir neuf
personnes rangées sur trois banquettes parallèles. On y est extrêmement mal, serré que l'on
s'y trouve au milieu de véritables bandits califor-
niens qui, grossiers et égoïstes, sont repoussants
même pour des voyageurs endurcis. Nous avons
compté qu'en moyenne nos compagnons y juraient
cent quatre-vingts fois pour chaque mille mots
qu'ils prononçaient ; mais nous avons dû, en dépit
de tout, admirer l'habileté avec laquelle, du fond
de sa place, l'Américain sait cracher par la portière
le tabac qu'il a fini de mâcher, en s'arrangeant
de manière que le projectile effleure toutes les
figures, sans jamais en toucher aucune. Il faut
voir aussi la promptitude que met chacun à tirer
son revolver au moment où l'on aperçoit quelque
bête fauve et les éclats de rire qui accompagnent
la fuite de la malheureuse bête quand elle est
blessée. Enfin, lorsque j'aurai dit que l'on nous
a laissés parfois jusqu'à trente heures sans rien

nous donner à manger, que pour arriver au grand
lac Salé, où nous sommes depuis ce matin, il nous
a fallu six jours et six nuits au travers d'un désert
dans lequel nous avions pour toute route les traces
des voitures précédentes, et qu'outre les 480 milles
que nous avons maintenant derrière nous, nous
aurons encore 200 milles à faire ainsi pour rejoindre le chemin de fer *Union Pacific,* on com-
prendra que je félicite ceux qui, à partir de l'été
prochain, trouveront la voie ferrée complète de
l'Atlantique jusqu'en Californie.

5 décembre.

Lorsque les Mormons, fuyant les persécutions,
quittèrent, il y a une vingtaine d'années, les bords
du Mississipi pour s'enfoncer au delà des montagnes Rocheuses et, au travers de mille difficultés
effrayantes, dans des terres inconnues et sur lesquelles les Indiens leur disputaient le passage, ils
firent preuve d'un grand discernement ou en tous
cas ils eurent la main bien heureuse en fixant leur
nouvelle colonie dans la vallée du grand lac Salé.
C'est un pays fertile et un sol magnifique qui frap-
pent d'autant plus que les territoires environnants,
et cela sur d'immenses étendues, sont stériles et
désolés.

Les disciples de Joe-Smith et de Brigham-Young n'étaient alors qu'une poignée, 2,000, m'a-t on dit ; ils sont aujourd'hui 100,000, répartis dans tout l'Utah, et certes ils peuvent se dire avec fierté les pionniers de la race blanche dans ces contrées lointaines, et les fondateurs d'une communauté prospère entre toutes. Ils ont su diviniser le travail et ils pratiquent la fraternité plus peut-être qu'aucun autre peuple ; ce sont là des titres réels à notre attention, et si malheureusement nous ne pouvons pas excuser ni même comprendre leur polygamie, nous aurions tort, je crois, de les repousser entièrement pour cette seule raison.

Leur capitale, la ville du Grand–Lac-Salé, s'étend en pente très-douce au bas d'une chaîne de hautes montagnes. Les rues en sont extrêmement larges, coupées à angle droit et traversées presque toutes par des ruisseaux d'une belle eau courante. Les maisons y sont bâties en adobé, et, comme elles sont généralement entourées d'un verger, la ville paraît très-étendue relativement au nombre de ses habitants. Elle contient 20,000 Mormons et environ 2,000 personnes de croyances diverses que les *Saints du Dernier Jour* désignent indistinctement sous le nom de *Gentils*. Ceux-ci sont très-mal disposés envers les Saints, surtout depuis que Briggham-Young a conseillé à ses partisans de n'acha-

lander que les magasins mormons, et je me suis
naturellement prévalu de cet état de choses pour
contrôler les renseignements que l'on me fournis-
sait sur les coutumes et les croyances de cette
secte extraordinaire. On remarque partout beaucoup d'ordre et de propreté et une apparence de
calme qui frappe d'autant plus qu'on en a perdu
l'habitude en Californie ; on sent que l'on est
au milieu d'un peuple essentiellement cultivateur.

L'édifice le plus remarquable de la ville est certainement le Tabernacle, dont le plan est des plus
originaux ; c'est une immense voûte ovale posée
directement sur le sol sans qu'il y ait pour ainsi
dire de murs latéraux, et qui ne peut se comparer
de loin qu'à une énorme meule de foin. Mais cette
construction disgracieuse a du moins le mérite
d'être excellente pour l'acoustique, et l'orateur n'a
pas grands efforts à faire pour être entendu des
12,000 personnes qu'elle peut contenir.

Après le Tabernacle, il faut citer le *Fort* de Brigham-Young ; c'est, derrière un mur bastionné, un
grand carré qui contient ses bureaux, les différents bâtiments nécessaires à son administration et
surtout les maisons de ses femmes, pour lesquelles
on conçoit qu'il lui faille beaucoup de place si,
comme l'affirment les Gentils, il en a 40 ou 50 et
80 enfants. L'Église mormone ne limite pas le

nombre des épouses, elle ne dit qu'une chose, c'est qu'avant d'en prendre une nouvelle, l'homme doit obtenir le consentement des précédentes, ou, en cas de refus injustifiable, une autorisation spéciale du président du culte. Et même lors de la célébration du mariage, ce sont les anciennes épouses que le ministre interroge d'abord et qui, pour prouver leur consentement, placent la main de la nouvelle fiancée dans celle de leur mari.

Nous nous sommes informés du nombre des femmes que les Mormons ont d'ordinaire; la réponse, à peu près unanime, a été que cela dépendait surtout de la fortune de l'homme : les riches et les dignitaires de l'Église en ont plusieurs, les pauvres se contentent d'en avoir une. On nous a dit aussi que lorsqu'une femme était intelligente, elle s'arrangeait assez facilement à rester seule, mais qu'en général les Mormones étaient peu instruites et que leurs maris cherchaient plus ou moins à retrouver sur la quantité ce qui leur manquait en qualité. Quand un homme a plusieurs femmes il peut, soit les tenir chacune dans une maison séparée, soit les faire vivre ensemble, et, chose curieuse, presque incompréhensible, on nous affirme que cette vie commune réussit généralement très-bien. M. Buissonnet et moi nous n'y comprenons rien, et nous ne pouvons l'expliquer qu'en remarquant qu'ici toutes les femmes sont laides et communes, et que, sans doute, elles sont venues au grand lac Salé, préférant encore avoir une portion de mari plutôt que de n'en pas avoir du tout.

Si j'en crois, du reste, mon impression, la polygamie ne se maintiendra pas; l'achèvement du chemin de fer du Pacifique, en amenant beaucoup de monde dans ces régions encore si lointaines de l'Utah et en forçant le développement de l'instruction, en même temps qu'il permettra au gouvernement des États-Unis d'intervenir plus efficacement, obligera les Mormons à modifier leurs coutumes. La polygamie tombera peu à peu, comme cela s'est même fait déjà pour la partie d'entre eux qui a suivi le schisme du fils de Joe Smith, et qui est établie dans le Missouri; mais ils garderont leurs autres croyances qui, du reste, ne s'écartent pas plus des nôtres que ne le font celles de bien des sectes parfaitement reconnues par l'opinion publique.

Comme dans presque toutes les religions, il y a eu deux phases dans le mormonisme : la révélation primitive et les additions que ses chefs y ont faites après coup. Son histoire est assez curieuse, et je vais chercher à la résumer aussi brièvement que possible. Les Mormons prétendent qu'environ

600 ans avant Jésus-Christ, une colonie d'israélites de la tribu de Joseph arriva en Amérique et s'y fixa. Elle prospéra durant une longue succession de siècles et eut même la bénédiction d'être visitée par Jésus, qui, après sa résurrection, vint y enseigner les Évangiles et y faire des prophéties. Mais ces nouveaux chrétiens tombèrent plus tard dans le vice et la corruption, et ils furent détruits par la colère de Dieu vers l'an 400 de notre ère. Toutefois le Seigneur permit auparavant qu'un saint homme, du nom de Mormon, écrivît un résumé de leur religion, et c'est ce livre, nommé quelquefois livre de Néphi, du nom de cette nation, que Joe Smith, guidé par un ange, retrouva le 22 septembre 1827, dans une petite colline de l'État de New-York.

Il était écrit sur des feuillets d'or et en caractères égyptiens que le nouveau prophète reçut le don de pouvoir transcrire. C'est lui qui forme la base de la nouvelle doctrine dont une des croyances principales est la venue prochaine du règne de Dieu sur la terre, d'où leur nom de *Saints du Dernier Jour*. Malheureusement ce livre de Mormon ne suffit pas longtemps à Joe Smith, il se mit à avoir des révélations, et l'une d'elles, arrivée seulement le 12 juillet 1843, autorisa ses disciples à prendre plusieurs femmes, « à l'exemple des an-

ciens patriarches et pour peupler la terre. » Ces
révélations qui se continuent, je crois, encore de
nos jours, sont le côté le plus fâcheux de cette
religion, car l'histoire nous apprend les abus
auxquels ce système finit toujours par donner lieu.

Les Mormons s'étaient établis d'abord dans le
Missouri. Ils en furent bientôt chassés à cause des
querelles qu'ils suscitaient aux sectes voisines. Ils
s'établirent alors à Nauvoo, dans l'Illinois, où les
disputes recommencèrent de plus belle, si bien
qu'un jour Joe Smith, sommé de comparaître
devant le juge d'une ville voisine, fut, en 1844,
traîtreusement massacré par une bande armée. Il
paraît qu'en quittant ses disciples il leur avait
annoncé que son sang devait couler pour conso-
lider leur nouvelle croyance, et, comme de juste,
il passa aussitôt au rang d'un demi-dieu auprès de
ses coreligionnaires. Sa mort n'apaisa pas ses en-
nemis, et nous avons vu que dès 1846 les Mormons,
ou du moins une partie d'entre eux, à la tête desquels se trouvait Brigham Young, se résolurent à
la migration extraordinaire qui les a conduits au
grand lac Salé.

7 décembre.

Nous avons assisté hier à un service religieux
dans le Tabernacle. Il a débuté par un chœur de

jeunes filles qui, sans aucun accompagnement, ont su chanter d'une façon remarquable; puis, après une prière, le fils aîné de Brigham Young, homme de quarante ans, en gilet de velours à carreaux, redingote marron et la main dans la poche, s'est avancé sur le devant de l'estrade et a fait un discours si original que j'en veux citer textuellement quelques passages :

« Quelle religion le Christ est-il venu prêcher sur terre? a-t-il dit. Avant tout la paix! Eh bien, il ne s'est jamais commis plus d'atrocités, il ne s'est jamais déclaré plus de guerres civiles qu'au nom du christianisme. D'où cela peut-il venir si ce n'est de ce que les chefs de cette religion n'ont pas suivi les instructions de Jésus et sont tombés dans l'erreur aussitôt après la mort des apôtres. Aujourd'hui tous les chrétiens, qu'ils s'appellent catholiques, protestants ou n'importe quoi, sont hors de la bonne voie; les Mormons seuls sont heureusement là, et c'est à eux, Saints du Dernier Jour, à régénérer le monde. Pleins de foi dans leur mission divine, ils doivent marcher à leur but avec courage et confiance.

« Tout ne leur prouve-t-il pas qu'ils sont les élus du Seigneur? Les voici qui, proscrits, tracassés de toutes manières, ont su venir s'établir au milieu d'un désert, à proximité des Indiens sauvages, y

18

fonder une grande ville, y créer une agriculture des plus avancées, y mener une vie heureuse et honorable, rejeter enfin loin d'eux l'ivrognerie, le meurtre, les maisons de jeu et de tolérance qui déshonorent les pays voisins. Il faut rendre grâces à Dieu de tous ces bienfaits, mais en même temps il faut avoir soin de ne pas s'arrêter à mi-chemin. Les prophéties, que l'on doit toujours prendre à la lettre, promettent aux Saints du Dernier Jour l'empire du monde; l'Europe et l'Amérique avec toutes leurs richesses, et l'on ne sait pas à combien de milliards de dollars il faut les évaluer, tout cela deviendra la propriété des Mormons..., à une seule condition cependant, c'est qu'ils persévèrent, qu'ils restent unis, que surtout ils aient confiance dans les chefs qui sont à leur tête. Quelques esprits timorés, infidèles, se plaignent d'avoir à payer à l'Église la dîme de leurs revenus; mais oublient-ils donc ce que leurs chefs ont fait pour eux et perdent-ils de vue le but magnifique qu'ils ont à atteindre : courage donc, confiance et concorde! »

Et, comme pour terminer dignement ce discours si curieux, l'orateur tira sa montre et s'écria : « J'aurais encore beaucoup de choses à vous dire, mais je vois qu'il est temps pour chacun d'aller déjeuner. »

Notre séjour chez les Mormons n'eût pas été

complet sans une visite à leur président, et j'avais déclaré à mon ami que je ne sortirais pas de chez Brigham Young sans lui avoir demandé pourquoi il avait tant de femmes. Nous nous rendîmes donc chez lui ce matin, à onze heures. Nous le trouvâmes dans son bureau, en train de se faire coiffer. Un grand foulard rouge couvrait ses larges épaules, et, rien qu'à en juger par la manière toute particulière dont il se faisait bichonner, on devinait en lui le Mormon par excellence. Il est âgé de soixante sept ans et ne paraît pas en avoir plus de quarante à cinquante; sa figure un peu carrée est encadrée par d'abondants cheveux blonds et par un collier de barbe rousse; sa bouche un peu tirée est rehaussée par de belles dents, et si quelques rides commencent à percer, elles n'ont pas encore eu le temps de trop s'accentuer.

Pendant que sa toilette s'achevait, nous eûmes le temps d'examiner à notre aise ses bureaux, qui sont caractéristiques. A droite, le télégraphe qui le met en rapports constants et immédiats avec les portions les plus reculées de l'Utah; à gauche, la caisse où les fidèles payent la dîme; dans la pièce principale, des cartes de géographie et entre autres un plan de l'Exposition de Paris, quelques portraits de dignitaires de l'Église, puis deux immenses coffres-forts Fichet placés de chaque côté de la porte d'entrée ; enfin, au fond, un poéle en fonte et une table de travail encombrée de pape-rasses.

Bientôt le président s'approcha de nous et il parut heureux d'apprendre que nous étions tou-ristes et que nous n'avions pas pu résister au plaisir de venir le féliciter sur l'air de prospérité et de bonheur que nous avions trouvé à la ville du grand lac Salé. « Oui, nous répondit-il, tout cela nous remplit de joie, nous surtout qui nous souvenons de ce qu'était, il y a vingt ans, le pays que nous avons colonisé et des obstacles que nous avons eu à surmonter pour arriver jusqu'ici à tra-vers un désert de 1,400 milles. Vous ne voyez, du reste, qu'une partie de nos établissements, nos *settlements* s'étendent sur un rayon de 500 milles au nord et au sud de notre capitale, et tout cela grandit rapidement. Notre principale occupation est jusqu'ici l'agriculture, et il a fallu, en effet, songer d'abord à se nourrir, mais nous pousserons aussi au développement de l'industrie, car, parmi nos nouveaux adeptes, il nous vient chaque jour de nombreux ouvriers ; nous avons déjà trois pe-tites filatures de coton, et il faut que nous arrivions à nous suffire à nous-mêmes. »

Puis nous parlâmes de la vente plus ou moins prochaine, par les États-Unis, des terres de l'Utah, de la loi *homestead,* enfin de l'étonnement que nous avions éprouvé, mon ami et moi, en apprenant que le chemin de fer du Pacifique ne toucherait pas à la ville et passerait, au contraire, au nord du lac, à une assez grande distance. Nous aurions aimé le voir entrer à ce sujet dans quelques explications, mais il se contenta de nous dire que les ingénieurs en avaient décidé autrement, et que, du reste, il était question de faire un embranchement.

Mais le temps se passait et je n'arrivais pas à ma fameuse question sur la polygamie. Je la hasardai enfin, et si nous pûmes apercevoir comme un éclair d'hésitation dans les yeux du prophète, ce fut avec beaucoup de calme qu'il nous parla de la révélation faite à Joe Smith et qu'il nous indiqua le livre dans lequel nous en trouverions le texte tout entier. Seulement, et comme pour se venger un peu de moi, il ajouta aussitôt que l'Église mormone avait envoyé des missionnaires en France, mais que les Français étaient légers et sceptiques, que ce n'était pas comme en Allemagne et dans le Danemark, où l'on trouvait la foi! La majeure partie de nos adeptes, finit-il par dire, sont encore des Américains de naissance et des Anglais, du pays de Galles principalement, mais nos apôtres se répandent de plus en plus et font pénétrer partout la voix de la vérité.

Durant tout notre entretien, nous avions remarqué le ton parfaitement digne de Brigham Young
et son intelligence indubitable; nous avions causé
maintenant assez longtemps pour nous former
une opinion sur lui; nous nous levâmes enchantés
de notre visite et je dirai presque enchantés de lui!

12 décembre.

Deux jours après avoir quitté le grand lac Salé,
et à la suite de toutes sortes d'aventures de dili-
gence dont je fais grâce à mes lecteurs, nous rejoi-
gnîmes les travaux du chemin de fer *Union Pacific.*
Il est très-intéressant d'étudier la rapidité avec laquelle ce chemin se construit; il faut être Américain pour arriver à poser chaque jour une moyenne
de 3 milles, c'est-à-dire d'une lieue entière de rails
sur lesquels les trains se mettent aussitôt en marche. Cela se fait plus ou moins bien, c'est vrai, mais
enfin cela se fait, et l'année ne s'écoulera certainement pas sans que la communication par voie
ferrée ne soit entièrement établie entre la Californie et New-York. On dit qu'on fera le trajet en
une semaine, et déjà les Américains parlent d'y
attirer les voyageurs de la Chine et du Japon.
Espérons au moins qu'on s'arrangera de manière
à ne pas les faire dérailler aussi souvent que

nous, car si les déraillements d'Amérique m'ont toujours procuré l'occasion d'admirer le génie pratique que l'on met à sortir d'embarras, j'avoue que j'en ai eu assez des trois accidents et des retards sans nombre que nous avons éprouvés entre Bear River et Omaha !

C'est en chemin de fer déjà que nous avons traversé les montagnes Rocheuses. On y monte peu à peu et par des pentes si faciles au centre des vallés immenses de cette chaîne gigantesque, que l'on se trouve au haut de la passe sans croire qu'on puisse être arrivé à 8,200 pieds d'élévation. On passe lentement de plateau en plateau au milieu des neiges; çà et là un troupeau d'antilopes ou de magnifiques élans s'enfuit étonné du bruit insolite de ce monstre à vapeur que contemple d'un œil chagrin quelque chasseur indien, poursuivi ainsi par la civilisation jusque dans ses derniers retranchements. Ces montagnes Rocheuses, dont le nom seul faisait frémir autrefois, sont vaincues à leur tour : qui donc oserait nier le progrès?

Demain nous serons à Saint-Louis, puis nous reverrons la Nouvelle-Orléans, Chicago, New-York, Boston, tous ces endroits intéressants que j'ai visités pour la dernière fois il y a dix ans, et dont je me réjouis de comparer le présent avec mes souvenirs d'autrefois. Je compte y passer un mois, et j'aurais certes du plaisir à continuer mes récits, mais je sais que pour parler des États-Unis il ne suffit pas de quelques pages, qu'il faudrait leur consacrer un gros volume, et j'ai déjà mis à telle contribution la complaisance de mes amis, que je préfère clore ici mon journal et prendre congé d'eux aujourd'hui en remerciant tous ceux qui ont bien voulu me lire jusqu'au bout.

FIN.

APPENDICE

RAPPORTS

PRÉSENTÉS A SON EXCELLENCE

MONSIEUR LE MINISTRE DE L'AGRICULTURE

DU COMMERCE

ET DES TRAVAUX PUBLICS.

RAPPORT

SUR L'INDE ANGLAISE.

———

Monsieur le Ministre,

Il n'est pas, que je sache, de plus belle colonie que l'Inde anglaise, et l'on ne peut s'empêcher de se laisser aller à quelque enthousiasme, au fur et à mesure que l'on parcourt ce pays, si vaste et si beau, si fertile, si peuplé, si bien administré. Sur ce territoire, six ou sept fois grand comme la France, on trouve tous les produits; le coton, l'opium, la soie, l'indigo, le café, le riz et les graines y donnent lieu à un commerce d'exportation colossal, pendant qu'une population de 200 millions d'habitants offre un débouché presque illimité à l'industrie européenne. Et toutes ces ressources, on les voit se développer presque à vue d'œil, sous l'influence d'une administration dont la devise semble être avant tout le progrès.

Les Anglais apportent dans le gouvernement de leurs colonies, et cela depuis quelques années particulièrement, un esprit pratique des plus remarquables. Reléguant au second plan les idées, toutes-puissantes autrefois, de domination absolue, d'exclusivisme et un peu aussi de propagande religieuse, ils semblent aujourd'hui se préoccuper surtout des intérêts matériels de leurs possessions, d'accroître le bien-être de leurs habitants et de les amener à la civilisation par la voie, un peu détournée peut-être, mais qui me paraît être en définitive la plus sûre, du commerce et de l'échange des produits.

Cette politique se traduit aux Indes par la création constante de routes, de canaux, de chemins de fer, de télégraphes et même par des expositions agricoles et industrielles, et je ne saurais mieux faire, pour justifier tous les éloges que je viens de faire, que de m'appuyer sur l'éloquence de quelques chiffres.

Le mouvement annuel du commerce *extérieur* de l'Inde s'élève aujourd'hui à plus de :

800 millions de francs à l'importation, non compris les 500 millions de francs que le monde envoie chaque année aux Indes, en espèces ou en barres d'argent, pour achever de solder les gros achats que nous y faisons en matières premières ;

Et à 1,400 millions de francs à l'exportation.

Sur ces chiffres, l'importation des étoffes de coton figure pour quelque chose comme 800 millions de mètres, soit de quoi faire vingt fois le tour de la terre, et l'on estime à 5 milliards de francs la quantité d'argent monnayé qui, par suite des idées arriérées des natifs, reste encore enterrée par eux, et ne reparaîtra au jour que lorsqu'ils connaîtront mieux les avantages de la circulation des capitaux.

Plus de 1,500 millions de francs ont été consacrés déjà à l'établissement d'un magnifique réseau de chemins de fer, achevé dès maintenant sur beaucoup de points et qui, complété d'ici dix-huit mois, réunira tous les grands centres de l'empire indien depuis Lahore, Delhi et Agra jusqu'à Bombay, Calcutta et Madras, en traversant les contrées les plus fertiles et les plus riches. Le gouvernement indien n'a pas hésité, pour hâter ce grand progrès, à donner sa garantie aux actionnaires, et il est à peu près certain, par les résultats déja acquis, que ce ne sera pas là une charge bien longue pour le Trésor.

Pour parer aux sécheresses qui quelquefois viennent compromettre les récoltes de quelques districts et pour augmenter en même temps la fertilité générale, le gouvernement se préoccupe

aussi, et cela d'une façon toute particulière aujourd'hui, d'un système de canaux d'irrigation
auquel il compte consacrer, dans le courant de
quelques années, plus de 500 millions de francs.

Enfin 19,000 écoles, créées par l'administration
ou subventionnées par elle, instruisent 600,000 natifs et les initient à notre civilisation.

De toutes parts donc, Monsieur le Ministre, progrès en même temps que résultats déjà acquis! Or
l'économie politique et l'expérience nous enseignent que la tâche la plus ardue pour l'homme
consiste dans la création de ses premiers moyens
d'action, dans ce que, dans le langage scientifique,
on appelle ses capitaux. Ce premier levier une fois
à sa disposition, on voit sa puissance décupler à
tel point que l'on a pu dire que les capitaux se
reproduisaient par leur propre force. Eh bien,
l'Inde anglaise est sortie, ces dernières années, de
sa période d'incubation, et je ne crois pas me
tromper en lui prédisant l'avenir le plus magnifique qui se puisse espérer pour une colonie.

Pour que l'on ne m'accuse cependant pas d'illusions ou de parti pris, je désire dire aussi quelles
sont les ombres que j'ai vues à ce beau tableau et
quels sont les écueils que la sagesse anglaise aura,
un jour ou l'autre, à éviter. Le plus grand défaut
des Indes est certainement son climat si contraire

aux Européens et qui les a empêchés jusqu'ici
d'implanter leur race dans le pays; aucun Anglais
n'y vient avec l'intention de s'y fixer pour le reste
de ses jours et d'y établir sa famille; on ne songe
qu'à faire fortune et à s'enfuir au plus vite, et
pour contenir 200 millions d'Hindous on se trouve
n'être en tout que 150,000 Européens, y compris
les 61,000 hommes incorporés dans l'armée. Les
Anglais ont le défaut aussi de ne pas se mêler avec
la population native qu'ils traitent de trop haut, et
le danger qui en résulte ne pourra que grandir à
mesure que le développement de l'instruction fera
désirer aux Hindous d'avoir, eux aussi, une part
dans l'administration du pays.

Telles sont, Monsieur le Ministre, les remarques
générales que m'ont inspirées mes courses à travers
les Indes; je vais passer maintenant à l'étude plus
spéciale du commerce de ce vaste pays, et pour
plus de clarté je m'occuperai successivement :

1° Des affaires dont Bombay est le centre ;

2° De la vallée du Gange, représentée par Calcutta ;

3° De la présidence de Madras ;

4° Du rôle que le commerce français joue aux
Indes et de celui qu'il pourrait y prendre;

5° Enfin j'ajouterai deux appendices : l'un pour
signaler au commerce français une loi récemment

promulguée aux Indes et qui me paraît de nature à
nous encourager énormément à y fonder des comptoirs ; le second pour traiter le sujet de la culture
du coton indien et de son importance future.

J'espère, Monsieur le Ministre, que mon rapport, un peu long peut-être, rencontrera votre in-
dulgence, et mon plus grand vœu est qu'il puisse
être utile à quelques-uns de mes compatriotes.

I. — BOMBAY.

La portion de l'Inde dont Bombay est la capitale
commerciale s'appuie sur le golfe d'Oman et comprend, *grosso modo,* tout le pays que contiendrait
un arc de cercle dont Bombay serait le centre et qui
aurait 200 lieues de rayon. Depuis l'embouchure
de l'Indus au nord jusqu'à la côte Malabar au sud,
on rencontre bien quelques petits ports et particulièrement celui de Kurrachee, qui, placé à l'entrée du Scinde, a fait concevoir un instant des
espérances exagérées ; mais le seul point réellement
important est la baie admirable où toutes les flottes
du monde tiendraient à l'aise et en toute sécurité.
Dès le premier coup d'œil, on comprend que tout
le grand commerce se soit concentré à Bombay,
que les Européens y aient établi leurs comptoirs

principaux et leurs banques, qu'une population, enfin, d'un million de Parsis et d'Hindous en ait fait la ville la plus populeuse de toute l'Inde.

Les fluctuations considérables qui, à la suite de la guerre américaine, ont eu lieu ces dernières années dans les prix des deux principaux articles de Bombay, le coton et les produits manufacturés, rendent très-difficile l'évaluation en francs de l'importance de ses affaires. Les chiffres que je vais citer ne seront donc pas les statistiques officielles de l'année dernière ou de l'une des années précédentes; je crois donner une idée plus juste en prenant pour base de mes calculs une valeur moyenne de 100 fr. par 50 kil. pour le coton Surate et des cotes proportionnelles pour les produits manufacturés.

Dans ces conditions, on peut estimer le commerce annuel de Bombay :

Pour l'exportation.. . . . .   Fr. 600 millions.
Pour l'importation en marchandises . . .   »   300   —
Pour l'importation en argent et en espèces.   »   250   —

Ces chiffres peuvent se subdiviser comme suit :

A l'exportation.

En coton brut.. . . . .   400 millions.
En opium   125   —

19

En produits manufacturés faits dans le pays
même ou réexportés par mer pour les ports
voisins. . . . . 40 millions.

En laine. . . . . 15 —

En sel. . . . . 5 —

En filés de coton. . . . . 5 —

En graines oléagineuses et en café. . . . . 10 —

Et à l'importation.

En produits manufacturés. . . . . 140 millions.

En métaux. . . . . 40 —

En sucre. . . . . 25 —

En coton filé. . . . . 15 —

En matériel de chemins de fer. . . . . 15 —

En herbages. . . . . 12 —

En soie brute. 12 —

En soie manufacturée. . . . . 7 —

En vins et liqueurs. . . . . 6 —

En charbon. . . . . 6 —

L'exportation du coton, qui, en 1867, a compté
1,175,000 balles, comprenait 1,056,000 balles pour
l'Angleterre, 71,000 balles pour le reste de l'Europe
et 48,000 balles pour la Chine. Les 30,000 caisses
d'opium ont été expédiées toutes en Chine. Quant
à l'importation, elle provient pour la presque totalité de l'Angleterre ou de ses colonies.

Les chiffres que je viens de citer suffisent pour
donner une idée de l'importance actuelle de Bom-

bay; son avenir est plus brillant encore. Outre la
progression naturelle de ses affaires, progression
générale pour toute l'Inde qui, en dix ans, de 1856
à 1866, a presque triplé son commerce extérieur,
Bombay profitera plus qu'aucun autre port de l'établissement des chemins de fer indiens. Sa proximité de l'Europe devra attirer à lui non-seulement
une portion des produits les plus précieux de la
vallée du Gange, tels peut-être qu'une partie des
indigos et des soies, mais encore et surtout en fera,
dans quelques années, l'entrepôt par excellence
pour les produits manufacturés. Cela me paraît
d'autant plus probable qu'il se manifeste depuis
quelque temps une tendance toute nouvelle à ex-
pédier les articles de Manchester, non plus par
l'ancien mode des bateaux à voile, qui exigeait
quatre mois, mais bien par la voie rapide des steamers de la Méditerranée et de Suez. Aujourd'hui
déjà les trois quarts des étoffes de coton qui arrivent à Bombay prennent cette nouvelle route, et,
dans toutes ces conditions, avec le trafic des marchandises, des malles et des passagers qui se diri-
gera de plus en plus de ce côté, je regrette vivement, monsieur le Ministre, que les Messageries
impériales continuent à négliger Bombay pour
n'aller qu'à Calcutta.

Le riche commerce de Bombay n'est pas exclu-

sivement entre les mains des maisons anglaises;
il est à remarquer, au contraire, qu'ici, plus que
dans aucun autre port, l'élément natif joue un
grand rôle dans les affaires extérieures. A côté des
Anglais il y a aussi les Allemands, les Suisses et les
Grecs; quant à la France, elle n'est représentée
encore que par une agence du Comptoir d'escompte
et par une seule maison de commerce, celle de
MM. Jules Siegfried et Compagnie, à côté de
laquelle il y a évidemment place encore pour bien
des Français.

II. — CALCUTTA.

Calcutta sert de port d'importation et d'exportation à l'immense et fertile vallée du Gange. Elle
est l'intermédiaire de tout le commerce extérieur
de quelque chose comme 100 millions d'habitants,
et il n'est pas étonnant que les statistiques de
l'année 1867 lui attribuent les chiffres qui suivent :

Pour l'exportation. . . . .   Fr.   550 millions.
Pour l'importation en marchandises . . .   »   400   —
Pour l'importation en argent et en espèces.   »   175   —

L'exportation comprend :

Pour l'opium.   180   —
Pour le coton brut (environ 400,000 balles). . .   70   —

Pour l'indigo	Fr.	60 millions.
Pour le riz	»	50 —
Pour la soie.	»	30 —

et mille autres articles tels que les jutes, les graines oléagineuses, le sucre, le thé, le salpêtre, les peaux, les laques, la cire, etc.

Cette exportation se fait principalement sur la Chine pour l'opium, sur l'Angleterre et ses colonies pour les autres produits. La France n'y figure que pour une valeur de 25 millions de francs.

L'importation, outre un grand nombre d'articles secondaires, parmi lesquels je ne veux citer que les métaux et le sel, se signale surtout par le chiffre énorme de :

250 millions de francs d'étoffes de coton.

C'est l'Angleterre qui fournit l'immense majorité de toutes ces importations; la France n'y participe que pour 5 millions de francs.

L'élément natif joue à Calcutta un rôle beaucoup moindre qu'à Bombay dans le commerce extérieur. Les affaires étrangères, à l'exception de l'opium, qui est plutôt du domaine des maisons natives et de quelques riches Arméniens, sont presque toutes entre les mains des Anglais, des Allemands et des Suisses. La France est représentée par une excellente agence du Comptoir d'es-

compte, par les Messageries impériales et par
MM. Robert et Charriol, dont le haut crédit prouve
une fois de plus que nous pouvons réussir à
l'étranger. Je n'ai pas besoin de dire que ce n'est
pas une maison française, mais bien plusieurs
d'entre elles, qu'il nous faudrait à Calcutta.

Pour passer une revue complète de l'Inde, je
devrais rattacher à cette portion-ci de mon rapport
un examen rapide des nouvelles possessions anglaises en Birmanie, et parler du commerce de
Rangoon, de Moulmein et d'Akyab. Malheureusement je n'ai pas eu le loisir de visiter ces villes, et
je ne puis en dire qu'une chose, c'est que déjà
elles donnent lieu à un commerce d'exportation
considérable en riz (6 millions de piculs, un picul
égale 60 kilogrammes) et en bois de construction,
et qu'elles promettent de contribuer, elles aussi, à
l'avenir superbe de l'empire indien.

III. — MADRAS.

Contrairement à ce qui se passe pour les rayons
de Calcutta et de Bombay, où ces deux villes cen-
tralisent presque toutes les affaires, le commerce
de la présidence de Madras, quoique beaucoup
moins important, se répartit entre un grand
nombre de ports. La ville de Madras en prend en-

viron la moitié; le reste se divise entre les petites places d'affaires de Cocanadah, Pondichéry, Karikal, Tuticorin sur la côte Coromandel, Cochin et Calicut sur la côte Malabar.

On ne trouve plus ici l'activité fébrile de Bombay et de Calcutta, la vie y est plus calme, les affaires y sont plus modestes. Elles s'élèvent annuellement à un chiffre total d'environ :

Pour l'exportation. . . . .   Fr.   200 millions
Pour l'importation en marchandises. . . .   »   110   —

Les principaux articles d'exportation sont le coton pour une valeur d'environ 100 millions, et les cafés pour 15 millions; le reste comprend des indigos, des riz, des graines, du poivre, des huiles, du sucre, etc. L'exportation du coton s'élève à 350,000 balles, dont les deux tiers s'expédient de Madras même et l'autre tiers de Cocanadah et de Tuticorin; cette exportation se fait presque entièrement sur l'Angleterre. Les cafés, dont la quantité peut être estimée à 15 millions de kilogrammes, partent un tiers de Madras et deux tiers de la côte, et vont moitié en Angleterre et moitié en France.

Quant à l'importation, qui se compose principalement de produits manufacturés anglais, elle ne se fait directement d'Angleterre que pour une portion, car la moitié environ des *cotton goods* importés dans la présidence de Madras lui est expédiée par Calcutta et Bombay.

Il y a, le long de la côte, dans notre possession française de Pondichéry et sur un ou deux autres points quelques maisons françaises peu importantes ; à Madras, par contre, il y en a deux grandes, et je citerai particulièrement MM. Lecot et Compagnie.

Je ne crois pas pouvoir quitter l'examen de la présidence de Madras sans dire quelques mots de l'île de Ceylan, qui en est si rapprochée et qui, bien que ne dépendant pas politiquement de l'empire indien, puisqu'elle relève directement du gouvernement anglais, doit, il me semble, lui être rattachée dans une revue commerciale.

L'exportation de Ceylan consiste surtout en café, dont elle expédie annuellement plus de 40 millions de kilogrammes d'une valeur de 40 millions de francs. On y produit aussi pour 5 ou 6 millions de francs d'huile de coco. — Quant à l'importation, elle se distingue par le chiffre relativement considérable de 15 ou 20 millions de francs en riz, l'île n'étant pas encore assez cultivée en céréales pour subvenir aux besoins de ses habitants, bien que leur nombre ne s'élève qu'à environ 2 millions.

La capitale commerciale de Ceylan est Colombo; on n'y trouve pas de maison française.

IV. — RÔLE DU COMMERCE FRANÇAIS DANS L'INDE.

Le commerce de l'Inde est ouvert à toutes les nations, et tout négociant, quelle que soit sa nationalité, peut venir s'établir à côté des maisons anglaises et jouir des mêmes avantages devant la loi.

Les Allemands et les Suisses en ont largement profité, et on les voit, non contents des affaires relativement peu importantes encore, quoique toujours croissantes, de l'Allemagne, de la Suisse et du continent, s'immiscer de plus en plus dans le commerce anglais proprement dit et faire aux Anglais, sur leur propre terrain, une concurrence qui augmente chaque jour.

Les Français n'en sont pas là malheureusement; non-seulement il n'est pas question pour eux de prendre part aux affaires anglaises, ni même à celles du continent, auxquelles cependant pourrait donner droit la situation de la France si admirablement appuyée sur l'Océan et la Méditerranée, et relativement si rapprochée des Indes par les compagnies de steamers anglais et français qui ont fait de Marseille leur tête de ligne; mais encore nous n'y faisons pas la moitié des affaires de notre propre pays. Non-seulement nous allons encore acheter de seconde main sur les marchés de Londres et de Liverpool une portion des matières premières dont notre industrie a besoin, mais encore nous nous adressons souvent à des Allemands, à des Suisses ou à des Anglais pour une partie de nos importations directes. Nous avons bien quatre ou cinq maisons françaises excellentes, mais qu'est-ce que cela en face des 1,400 millions de produits que l'Inde exporte annuellement!

Et je ne parle là que des achats de matières premières, je laisse de côté les ventes que la France arriverait peut-être aussi, un jour ou l'autre, à faire aux Indes, si des relations plus fréquentes la mettaient mieux au courant des besoins du pays. Ce commerce d'exportation, réduit jusqu'à présent à quelques vins, à quelques liqueurs et à des objets de mercerie, ne pourrait, je le crois, se développer qu'en tout dernier lieu; et comme je veux ne voir les choses que d'une façon toute pratique, je ne veux pas y attacher trop d'importance *immédiate*, mais je dis bien haut que, même en nous en tenant momentanément aux achats de matières premières, il y a encore pour la France beaucoup de place dans l'Inde.

Le gouvernement de l'Empereur l'a du reste admirablement compris lorsqu'il a encouragé la création des agences du Comptoir d'escompte et

l'extension des Messageries impériales dans l'extrême Orient; c'est maintenant à l'initiative individuelle de se mettre en avant, c'est à la jeunesse
française de suivre la voie qu'on lui montre, de
tourner ses regards vers les pays lointains et de ne
plus craindre de s'expatrier temporairement pour
chercher fortune.

C'est là la question importante du moment, et je
compte, monsieur le Ministre, en faire l'objet d'un
rapport spécial que j'aurai l'honneur d'adresser à
Votre Excellence lorsque mes convictions auront
été fortifiées encore par l'étude que je vais faire
de Java, de la Cochinchine, de la Chine et du
Japon.

J'ai l'honneur d'être, etc.

Colombo, 21 février 1868.

I.

D'UNE LOI RÉCEMMENT PROMULGUÉE DANS L'INDE
ET QUI ME PARAIT DE NATURE
A ENCOURAGER FORTEMENT LES CAPITALISTES FRANÇAIS
A DIRIGER LEUR ATTENTION SUR CE PAYS.

On sait que pendant longtemps la législation
anglaise, méconnaissant l'utilité de notre magni-

fique loi sur la commandite, rendait responsables
des affaires d'une maison de commerce tous ceux
qui, associés directs ou non, touchaient une portion de ses bénéfices. Cela empêchait de nombreux
capitalistes d'apporter l'appui de leur argent à
l'esprit d'entreprise et à l'activité de jeunes gens
moins riches, et l'Angleterre a fini par comprendre
qu'il y avait là un progrès à faire. Elle a promul-
gué, en Angleterre même, le 5 juillet 1865, une
loi inspirée plus ou moins par notre système de
commandite, et le gouvernement indien a suivi,
en donnant, le 23 mars 1866, celle que je traduis
ci-dessous d'une façon très-abrégée, mais suffisante pour en faire connaître l'esprit :

*Acte n° 15 de 1866, destiné à modifier la loi relative
aux associations commerciales dans l'Inde.*

Art. 1er. — Un prêt fait par un négociant par un
contrat écrit et sous la stipulation que le prêteur
recevra, soit un taux d'intérêt variant avec les profits, soit une portion de ces profits, ne constitue
pas, par lui-même, le prêteur associé du négociant
et ne le rend pas responsable.

Art. 2. — Le fait de rémunérer un employé ou
un agent, en lui donnant une portion des profits,
ne suffit pas pour rendre cet employé ou cet agent

responsable comme le serait un associé, et ne lui donne pas les droits d'un associé.

Art. 3. — Si, en cas de mort d'un des associés d'une maison de commerce, sa veuve ou ses enfants reçoivent par voie d'annuité une portion des profits de cette maison, ils ne seront pas considérés, pour cette raison seule, comme associés ou responsables.

Art. 4. — Aucune personne recevant, par voie d'annuité ou autrement, une portion des bénéfices en considération de la vente faite par elle de la clientèle, ne sera regardée, pour cette seule raison, comme associée ou comme responsable.

Art. 5. — Cette loi s'applique aussi bien aux associations commerciales privées qu'aux sociétés par actions.

Dans la loi anglaise, applicable à l'Angleterre seule, il y a un article de plus, dans lequel il est dit qu'en cas de mauvaises affaires de la maison, le prêteur intéressé ne pourra rentrer dans tout ou partie de ses fonds que lorsque les autres créanciers auront été payés en plein. Cette disposition salutaire et parfaitement équitable n'a pas été adoptée dans la loi indienne, faite beaucoup plus largement, mais en même temps plus légèrement, et il semble donc qu'aux Indes un prêteur intéressé, ce que nous appellerions un commanditaire, puisse ne pas prendre part aux pertes et, en cas de faillite du commandité, être compris parmi ses créanciers. On voit tout l'avantage que l'Inde fait aux capitalistes.

II.

DU COTON INDIEN.

La récolte de coton dans l'Inde s'est élevée, ces dernières années, au chiffre moyen d'un million 850,000 balles par an.

Je n'inclus pas dans cette quantité les trois cent mille balles que, d'après les meilleurs renseignements que j'aie pu avoir, j'estime devoir être consommées dans le pays même.

On peut diviser en trois grandes régions les principaux districts cotonniers de l'Inde ; ce sont :

La région de Bombay, exportant 1,100,000 balles;

Les provinces du Nord-Ouest, dont la récolte passe par Calcutta, 400,000 balles ;

La région du Sud, représentée par Madras, Cocanadah et Tuticorin, 350,000 balles.

On pourrait peut-être faire une division de plus pour les cotons produits le long de l'Indus, depuis Kurrachee jusqu'à Lahore ; mais comme leur chiffre n'atteint pas 100,000 balles et qu'en outre la plus grande partie d'entre eux sont dirigés sur Bombay et sur Calcutta, il me semble que leur importance ne mérite pas que je m'y arrête davantage.

Les trois grandes régions de Bombay, du Nord-Ouest et du Sud se subdivisent à leur tour de la manière suivante :

1° Les districts qui forment comme un demi-cercle autour de Bombay sont :

Le Bérar, les provinces centrales et le Kand-dish, dont les cotons sont connus sous le nom d'Omrawuttee et d'Hingenghaut, produisant 400 à 450,000 balles;

Le Guzerat, dont les cotons sont nommés les Dhollerah, 350 à 400,000 balles;

Le Dharwar, dont les principales sortes sont les Comptah et les Sawginned, 150 à 200,000 balles ;

Le rayon des Broach, 100,000 balles.

2° Les districts du Nord-Ouest sont groupés autour d'Agra dans un cercle dont la circonférence passerait par Delhi, Jeypoor, Gwalior et Cawnpoor, et leurs marchés principaux sont Agra, Allyghar, Mutra et Bolundshuhum. J'ai déjà dit que leur ré-colte était de 400,000 balles qui sont toutes expédiées à Calcutta, et qui sont baptisées là du nom plus ou moins exact de cotons de Bengale. La ville d'Agra a reçu à elle seule, en 1867, 150,000 balles, qu'elle a réexpédiées deux tiers par chemin de fer et un tiers par des bateaux qui, descendant le Gange, mettent de trois à quatre mois pour arriver à Calcutta. Il est probable que lorsque le chemin de fer sera complété d'Agra jusqu'à Bombay, ce dernier port recevra une partie des cotons des provinces du Nord-Ouest;

3° La région du Sud comprend d'abord les cotons qui, au chiffre de 200 à 250,000 balles, aboutissent à Madras et proviennent pour la plus grande part du rayon de Bellary, et le reste du Mysore et du Salem ; ensuite ceux qui, au nombre de 60,000 balles, sont dirigés sur Cocanadah et proviennent du Nizam; enfin les Tinnevelly, dont la récolte de 40,000 balles se fait auprès de Tuticorin et s'expédie par ce port.

L'exportation des cotons indiens se fait pour les cinq sixièmes sur l'Angleterre, et le reste se répartit entre la Chine, la France et le continent.

Au point de vue de leur qualité, ils peuvent se ranger dans l'ordre suivant : les cotons de Bombay sont les meilleurs, puis viennent ceux de Madras, de Cocanadah et de Tuticorin, ensuite ceux de Calcutta, et en dernier lieu ceux de Kurrachee. Les cotons des Indes ne valent pas ceux des États-Unis, dont le brin est plus long, et, bien que leur qualité se soit beaucoup améliorée ces dernières années, grâce aux soins qu'on donne maintenant à leur culture, ils se vendent encore de 20 à 30 pour 100 moins cher sur les marchés d'Europe. Du reste, dans l'état actuel de notre industrie et avec les progrès qu'elle ne cesse de faire, la question de qualité devient tout à fait secondaire, celles des prix et des quantités occupent le premier rang.

Ce n'est que depuis quelques années que la récolte atteint les chiffres de 1,800,000 balles; elle n'était, il y a dix ans, que de 6 à 800,000 balles. La culture s'est développée presque subitement sous l'influence de la disette de coton, qui a été pour l'Europe la conséquence première de la guerre américaine, et l'on doit se demander si elle pourra se maintenir avec des prix plus normaux. J'ai cherché à m'édifier sur ce point en parcourant le Bérar, les provinces centrales et celles du Nord-Ouest, et j'ai vu que, là du moins, il était probable que la culture se maintiendrait. Les grands profits de ces dernières années ont permis au cultivateur, très-pauvre auparavant, de se débarrasser en grande partie des usuriers de village (sowcars) qui le tenaient dans une espèce de sujétion et le décourageaient à force d'exactions. Aujourd'hui le paysan peut mettre quelque argent de côté, et il travaille avec d'autant plus de zèle. Il s'occupe généralement de planter d'abord toutes les céréales

20

dont il a besoin pour sa subsistance et particulièrement une espèce de millet qu'on appelle le *je-
waree*; ensuite il cherche quel est le produit qu'il
pourra vendre le plus facilement pour de l'argent
comptant, et ce produit est avant tout le coton, qui
toujours et dans les plus petits endroits trouve des
acquéreurs empressés.

Plusieurs personnes établies dans l'intérieur
m'ont dit que dans ces conditions il ne fallait pas
élever à plus d'une quarantaine de roupies (parité
d'environ 20 francs par 50 kilogrammes rendus en
France) le prix que le coton coûte au cultivateur
et qui évidemment laissera toujours une marge
très-grande sur les cours de Liverpool et du Havre.
J'ai entendu objecter à Bombay qu'à moins de
prix élevés pour le coton, les natifs auraient avantage à s'occuper plutôt des céréales, très-chères en
ce moment; mais j'ai pu voir que la valeur de ces
dernières dépendait des cotes du coton beaucoup
plus que nos idées européennes ne nous le feraient
supposer, et que cet argument ne méritait pas
d'être pris en trop grande considération.

Il ne faut pas oublier non plus que les Anglais
sont très-désireux de faire de l'Inde un pays producteur par excellence pour la matière première
dont Manchester a si grand besoin, que le gouvernement indien a institué à cet effet des commis-

saires spéciaux chargés d'encourager de toutes
manières cette culture; qu'enfin, si grande que
soit déjà l'étendue des terrains affectés au coton
(étendue d'autant plus considérable que la production ne se monte qu'à une moyenne de 60 à
70 livres anglaises de coton égrené par acre, soit
68 à 78 kilogrammes par hectare), il y a encore
aux Indes énormément de terres propres à cette
culture.

En somme et pour me servir des expressions de
M. Rivett Carnac, commissaire cotonnier pour les
provinces centrales et le Bérar, et de M. J.-A.-G.
Gilmour d'Agra, dont je désire citer les noms pour
les remercier du concours qu'ils m'ont prêté, je
crois que, même à un prix de 120 roupies, c'est-à-
dire d'environ 50 francs au Havre, la récolte cotonnière des Indes ne diminuerait pas sensible-
ment. Il pourra y avoir des années, comme celle-ci
peut-être, où des pluies prolongées ou d'autres
causes affecteront le rendement par acre, mais la
quantité des terrains cultivés ne diminuera probablement pas.

RAPPORT

SUR LA COCHINCHINE FRANÇAISE.

———

MONSIEUR LE MINISTRE,

En venant planter son drapeau sur le sol de la
Cochinchine, la France a eu la main heureuse, et
je ne crois pas que l'on eût pu mieux choisir parmi les contrées libres encore de l'étreinte envahis-
sante de l'Angleterre ou de l'étroite domination
des Hollandais et des Espagnols. Placée comme
elle l'est aux portes de l'empire chinois et sur la
grande route qui relie l'Europe à l'extrême Orient,
la Cochinchine est à la fois une position politique
de premier rang et un établissement colonial
d'une importance modeste, il est vrai, mais d'une
prospérité certaine. Au point de vue politique, elle
est un magnifique point d'appui pour nos forces
navales, grâce à son port de Saïgon, qu'une rivière

profonde rend accessible à nos vaisseaux, en même temps que quelques torpilles suffiraient à le défendre; au point de vue colonial, elle a sa fertilité si renommée et un débouché assuré pour ses produits auprès des 3 ou 400 millions d'habitants qui peuplent la Chine.

Notre nouvelle possession semble faite pour les cultures les plus riches : la soie, le tabac, le coton, les cocotiers, le sucre, s'y trouvent tous et pourraient y prendre de l'importance à côté des grandes quantités de riz qui forment jusqu'ici la base de l'agriculture du pays. Et partout les communications se font facilement par une quantité innombrable de canaux naturels qui, partant de nos fleuves principaux, parcourent en tous sens notre beau delta et y portent la fertilité et la richesse. Nous avons en outre le bonheur d'avoir trouvé là une population douce, agricole avant tout, facile à gouverner, parce qu'elle s'occupe peu de haute politique, et qu'elle demande seulement le respect de la liberté communale dont elle a joui de tout temps et qui est si bien comprise, qu'elle pourrait servir de modèle à beaucoup de nations européennes.

Il est bon toutefois, pour contenir dans de justes proportions l'idée favorable que l'on peut, à bon droit, avoir de notre colonie, de se rappeler qu'elle

n'occupe jusqu'à présent qu'une superficie dix fois
moindre que la France et que si, grâce à la prospérité que nous pouvons y amener, sa population
peut facilement doubler en peu de temps, elle ne
compte encore que 2 millions d'habitants, dont à
peine un millier d'Européens. On peut y ajouter,
il est vrai, le royaume de Cambodge, qui compte
1 million d'habitants, et dont nous avons le pro-
tectorat, et nous arriverons peut-être aussi à tirer
parti plus tard du grand fleuve du Mé-Kong, qui
traverse tout le pays du Laos et va même jusqu'à la
province chinoise du Yunan, mais que, jusqu'ici,
les premières nouvelles de l'expédition scientifique
de M. de Lagrée nous représentent malheureusement comme barré en plusieurs endroits par des
rapides infranchissables.

En somme, et tout bien pesé, nous avons là une
possession dont on peut obtenir d'excellents résultats et qui nous offre un champ suffisant,
pour le moment, pour nous donner l'occasion de
prouver que, nous aussi, nous nous entendons à la
colonisation.

Les rapports que j'ai l'honneur de vous adresser, monsieur le Ministre, visent avant tout aux
questions commerciales; pour la Cochinchine,
cependant, l'examen du commerce touche de si
près à l'agriculture et à l'administration, que vous

me permettrez, je l'espère, de m'occuper successivement de chacun de ces trois sujets.

I. — ADMINISTRATION.

Nous avons l'habitude, en France, de critiquer
l'administration. Il ne pourrait en être autrement,
puisque le gouvernement, en restreignant, comme
il le fait, le domaine de l'initiative individuelle,
assume sur lui toutes les responsabilités. En vrai
Français, je devrais donc, monsieur le Ministre,
commencer par attaquer le gouvernement de Saïgon, et si je voulais ne pas tenir compte de toutes
les difficultés d'un début, je trouverais peut-être
plus d'une chose à blâmer. Je préfère être plus
impartial et dire que *jusqu'ici, et pour le moment du
moins,* l'administration de la Cochinchine a bien
mérité de la patrie. L'honorable amiral de La
Grandière et les hommes profondément dévoués à
leur tâche qu'il a autour de lui ont rendu des services éminents à notre colonie, et il eût été difficile de faire mieux.

Mais ce qui a été bon dans le commencement
peut très-bien cesser de l'être lorsque la période de
première organisation est passée, et autant j'approuve ce qui a été fait jusqu'ici, autant je désire,
pour l'avenir de la Cochinchine, que le gouverne-

ment de l'Empereur sache substituer à temps l'administration civile au régime militaire, qui toujours a été si funeste à nos colonies.

Un exemple, le plus frappant et le plus important de tous, suffira pour convaincre de la nécessité de cette substitution prochaine : je veux parler
des inspecteurs des affaires indigènes. A notre arrivée en Cochinchine, nous y avons trouvé un système communal des plus avancés; chaque commune, composée d'un certain nombre de citoyens
plus riches, que nous nommons les « inscrits », et
d'un entourage de gens plus pauvres et qui, eux,
n'ont pas droit de vote, était administrée par un
conseil de notables et par un maire qui s'occu-
paient de la répartition de l'impôt, de la gestion
des affaires et des rapports avec l'administration
supérieure. Nous avons respecté, avec raison, cet
état de choses qui, en intéressant les populations
beaucoup plus à leur clocher qu'à la mère patrie,
assure notre sécurité politique, et nous avons institué pour nos rapports avec les communes un
certain nombre de fonctionnaires européens que
nous appelons les inspecteurs des affaires indigènes. Ils sont aujourd'hui au nombre de 29, soit
1 par 70,000 habitants, et leurs fonctions consistent tout à la fois à contrôler l'administration des
maires, à rendre la justice et enfin à se mettre, en

cas de troubles ou de révolte, à la tête des milices natives que déjà nous avons pu organiser parmi les Annamites. Ces inspecteurs sont dirigés par la direction de l'intérieur, établie à Saïgon, et qui relève directement du gouverneur.

Il est évident que des postes aussi importants demandent des hommes préparés à cette tâche multiple, des hommes qui s'entendent en juridiction et en administration et qui soient, autant que possible, au courant des idées, des coutumes et de la langue des Annamites. Or, avec notre gouvernement militaire actuel, où prend-on ces inspecteurs? Parmi des enseignes et des lieutenants de vaisseau, des officiers d'infanterie de marine qui, sans aucune étude préalable et après un simple stage de trois à six mois auprès d'un autre inspecteur, passent chefs à leur tour. Ces officiers, que la direction choisit, je le veux bien, avec grand soin, n'offrent évidemment pas les garanties nécessaires; ce sont des gens parfaitement honorables, pleins de bonne volonté, je l'accorde, mais ce sont des militaires avant tout, et ce ne sont pas des administrateurs. Et, pour comble de malheur, il arrive infailliblement qu'au bout de deux, trois ou quatre ans, lorsqu'ils sont au courant de leur nouvel emploi, ils sont un beau jour élevés en grade et ils quittent l'inspectorat pour reprendre la mer.

Il est clair que ce système pèche par la base; au lieu d'inspecteurs militaires et temporaires, il faudrait des hommes élevés spécialement dans ce but, trouvant dans cette carrière une position stable. Il faudrait une école spéciale où l'on enseignât à des jeunes gens de la classe des civils la langue annamite et les principes d'administration et de juridiction nécessaires à cet emploi. Il faudrait qu'ils y trouvassent leur avenir, qu'on les élevât successivement à des inspectorats plus importants, de 4e, de 3e, de 2e et de 1re classe; que de là ils eussent la perspective de devenir, s'ils en étaient dignes, directeur de l'intérieur et même gouverneur; il faudrait enfin qu'après un certain nombre d'années de séjour dans ces pays-ci, ils eussent droit à une pension de retraite semblable à celle qui existe pour les « civilians » aux Indes anglaises.

Séparation de plus en plus complète du pouvoir militaire ou naval destiné à assurer la sécurité de la colonie et du pouvoir civil chargé exclusivement de son administration : tel est, monsieur le Ministre, le grand progrès à faire, administrativement parlant, en Cochinchine, et si, étendant mes observations à l'ensemble de nos colonies, vous me permettiez de donner mon opinion, j'ajouterais que le couronnement de l'édifice serait le re-

trait de la direction des colonies d'entre les mains
du ministère de la marine et la création d'un ministère spécial, à l'exemple du « Colonial office »
de l'Angleterre.

II. — COMMERCE.

Le gouvernement de la Cochinchine s'est inspiré
des doctrines les plus saines de l'économie politique, et il a rendu le plus grand service au commerce en le déclarant entièrement libre. Il n'y a,
en Cochinchine, ni droits d'entrée ni droits de
sortie sur aucune marchandise (l'opium excepté);
les formalités de douane y sont inconnues et les
navires ne payent, en tout et pour tout, qu'un petit droit d'ancrage et de phare. Toutes les nations
y sont conviées sur le même pied d'égalité, et les
produits de tous les pays y sont admis indistinctement. Je ne saurais trop féliciter l'administration sous ce rapport; il eût été impossible d'agir
mieux qu'elle ne l'a fait.

Le commerce ne doit demander et ne demande
aux gouvernements que trois choses : la sécurité
politique, la justice et la liberté. En dehors de cela,
il doit marcher par lui-même, et si malheureusement les négociants français jouent, même en Cochinchine, un rôle tout à fait secondaire, ce n'est pas
à l'administration qu'ils doivent s'en prendre, c'est

à eux-mêmes. Si le commerce de Saïgon est bien plus entre les mains des étrangers qu'entre les nôtres, ce n'est pas la faute du gouvernement, c'est celle de chaque Français en particulier!

La grand exportation est faite en Cochinchine par les Chinois, les Allemands et les Américains; deux ou trois maisons françaises, au plus, y participent un peu; quant aux Anglais, ils laissent encore notre colonie de côté. L'importation se fait bien par des Français pour les vins, les spiritueux et les articles de Paris destinés à la consommation locale européenne; mais les grosses affaires de ventes aux indigènes se font plutôt par les Chinois, qui vont acheter des produits anglais à Singapore et les placent ici à des conditions plus douces que les maisons européennes. Il est intéressant, du reste, de voir à l'œuvre ces Chinois, travailleurs infatigables, se contentant de petits bénéfices souvent répétés, honorables dans leurs affaires et qui nous aident, plus qu'aucune autre nation, dans le développement des ressources de notre colonie. Ils n'y sont encore que 40,000, mais il est à espérer que leur nombre augmentera d'année en année.

L'importance commerciale de Saïgon s'est développée très-rapidement depuis l'occupation française. Elle est arrivée à donner l'année dernière les résultats suivants :

L'exportation, outre quelques articles secondaires, tels que les poissons secs pour une valeur
de 1,500,000 francs et la soie pour 350,000 fr.,
a consisté surtout en 3,200,000 piculs de riz,
d'une valeur de 24,000,000 de francs, donnant un
aliment de 192,000 tonneaux à la navigation et
répartis comme suit :

Pour Hong-Kong.	2,000,000	de piculs [1].
Pour le reste de la Chine. .	300,000	—
Pour Singapore	355,000	—
Pour Maurice et Bourbon. .	180,000	—
Pour l'Angleterre..	155,000	—
Pour le Japon.	70,000	—
Pour la France..	60,000	—
Pour le Brésil.	15,000	—
Pour la Guadeloupe. . . .	10,000	—
Pour Brême.	9,000	—
Pour l'Australie.	6,000	—

Quant à l'importation, elle a compris surtout
des cotonnades pour une valeur de 6,500,000 fr.,
de l'opium pour 1,500,000 francs et divers articles
secondaires plus spécialement destinées à la consommation locale des Européens et que je crois
devoir négliger. J'ai dit déjà que la presque totalité de ces cotonnades était de provenance anglaise

[1]. 1 picul égale 60 kilogrammes.

et n'arrivait encore en Cochinchine que de seconde main, par l'intermédiaire de Singapore.

De tous les articles de la Cochinchine, le riz est
donc le seul qui jusqu'ici donne lieu à des affaires
un peu importantes. Or, comme ce commerce se
fait pour la plus grande part avec la Chine et
bonne portion par les Chinois, il n'offre pas aux
Européens un champ suffisant et il serait vivement à désirer que l'on pût introduire à côté de
lui une culture plus riche, semblable à l'une de
celles qui font la fortune des colonies étrangères,
comme, par exemple, la soie pour la Chine et le
Japon, le coton pour l'Inde, le café pour Ceylan,
Java et le Brésil, le tabac et le sucre pour l'île de
Cuba. A cette condition seulement le commerce
européen pourra prendre de grandes proportions
dans notre nouvelle colonie, et je compte donc
m'occuper tout particulièrement de cette question
dans le paragraphe que je vais maintenant consacrer à l'agriculture.

III. — AGRICULTURE.

Le gouvernement s'est inspiré, dans la constitution de la propriété territoriale en Cochinchine,
des mêmes principes libéraux et éclairés que déjà

j'ai eu l'occasion de signaler en traitant de la question commerciale.

Nous avons trouvé à notre arrivée ici que, faute d'une population suffisante, une grande portion des terres était encore inoccupée. L'administration, après avoir laissé à toutes les réclamations le temps de se produire, s'est déclarée propriétaire de ces terres et elle les cède aujourd'hui aux conditions les plus douces à ceux qui veulent venir s'y établir. Seulement elle a eu le bon esprit de renoncer au système des concessions gratuites, et de le remplacer par la vente pure et simple à prix réduit. En Algérie, la concession gratuite est précédée de formalités interminables et elle est accompagnée de restrictions et de conditions qui découragent le colon; ici, un prix d'achat de 15 francs par hectare, droit d'enregistrement compris, met l'acquéreur en possession immédiate et complète du terrain qu'il a choisi et dont il peut faire ensuite ce que bon lui semble. Je ne saurais trop féliciter le gouvernement de l'heureuse décision qu'il a prise là, car j'ai pu apprécier dans un sens et dans l'autre, en Amérique et en Algérie, l'importance capitale de cette question.

Toutefois, si je bats des mains quand je vois l'administration ne pas s'ingérer dans les entreprises particulières et laisser le champ libre à l'initiative individuelle, il me semble qu'elle a peut-être exagéré ses principes de non-intervention et qu'elle aurait dû et devrait encore apporter son concours indirect au développement de l'agriculture en prenant les mesures suivantes :

1º En faisant à ses propres frais quelques essais pour savoir qu'elle est la culture riche qu'il faut évidemment introduire en Cochinchine, si l'on veut en faire une colonie importante. Cette culture riche pourrait être, je crois, celle de la soie, qui paraît devoir réussir et qui, si elle prenait de grands développements, serait certes une véritable fortune pour le pays. En outre de la soie, il y a le tabac, il y a surtout les plantations de cocotiers, que l'on m'a signalées comme devant rapporter de grands bénéfices, mais qui malheureusement ne commencent à produire que six ou sept ans après la mise en terre.

Je voudrais que le gouvernement de la Cochinchine fît faire des essais concluants et les livrât à la publicité; ce serait rendre grand service à la colonisation;

2º En instituant des commissaires agricoles qui, après avoir formé leurs convictions en assistant aux expériences dont je viens de parler, parcourraient nos provinces et encourageraient les Annamites, soit par leurs conseils, soit par des distributions gratuites de graines, à se mettre aux cultures que nous aurions reconnues comme les plus avantageuses.

3º En hâtant autant que possible le développement de la population de la Cochinchine, qui, on le sait, pourrait facilement contenir deux fois plus d'habitants qu'elle n'en a. Pour atteindre ce but, il faudrait que l'administration répandît dans le monde, par une publicité bien entendue, des renseignements détaillés sur les ressources de notre nouvelle possession; et comme dans ces pays-ci, les Européens ne peuvent pas travailler eux-mêmes la terre et qu'ils doivent se vouer plutôt au commerce et aux avances de fonds à l'agriculture sous forme de métayage ou de compagnies agricoles, il faudrait faire surtout appel à cette race de travailleurs par excellence que la Chine nous offre si près de nous. Enfin il faudrait diminuer la grande mortalité qu'il y a parmi les Annamites, et cela par un moyen si simple que je suis presque honteux d'avoir à le signaler, par la formation immédiate d'un comité de vaccination; car, si les femmes annamites sont renommées pour leur fécondité, elles voient malheureusement la variole leur enlever le tiers de leurs enfants dès leur première année et un second tiers avant l'âge de vingt et un ans.

IV. — CONCLUSION.

Pour résumer en peu de mots mon opinion sur la Cochinchine, je dirai, monsieur le Ministre, que nous avons là une très-bonne colonie, que jusqu'ici il y a été fait beaucoup par son gouvernement, et que certes ceux qui jettent de tous côtés le blâme sont bien impatients ou bien peu impartiaux ; mais qu'il reste encore beaucoup à y faire et qu'il sera bientôt temps d'y introduire même de grandes réformes.

J'ai indiqué, dans le cours de mon rapport, les améliorations que je crois devoir surtout recommander et qui sont : la substitution du régime civil au régime militaire, l'introduction d'une culture riche, telle que la soie ou le tabac, qui puisse donner à l'exportation un aliment de quelque importance, enfin le développement de la population de notre colonie aussi bien par quelques mesures sanitaires que par un peu de publicité à l'étranger et particulièrement en Chine.

Pour couronner toutes ces mesures il en faudrait une dernière qui malheureusement est moins du domaine du gouvernement que de celui de la nation française elle-même ; il faudrait que les Français, renonçant un peu aux idées qu'ils

caressent d'ordinaire pour leurs fils et qui ne
voient rien de plus enviable qu'une place dans les
bureaux de l'enregistrement, des douanes, ou, en
un mot, de l'administration, finissent par comprendre que le présent et l'avenir appartiennent
maintenant à ceux qui font le plus preuve d'initiative individuelle. Je retombe là, monsieur le
Ministre, dans la thèse que j'ai déjà indiquée dans
mon dernier rapport sur l'Inde anglaise et que j'ai
hâte d'arriver à développer plus au long dans une
de mes prochaines communications.

J'ai l'honneur d'être, etc.

Saïgon, 26 mars 1868

RAPPORT

SUR LA CHINE.

———

MONSIEUR LE MINISTRE,

Le commerce *extérieur* de la Chine s'est élevé, pour l'année 1867, aux chiffres approximatifs de :

600 millions de francs pour l'importation ;

450 millions pour l'exportation.

Les principaux articles d'importation ont été :

Les opiums, pour 300 millions, soit 5 millions et demi de kilogrammes ;

Les cotonnades, 120 millions, soit 4 millions et demi de pièces ;

Les articles de laine, 55 millions ;

Les cotons bruts, 40 millions ;

Les riz, 30 millions, soit 150 millions de kilogrammes ;

Les houilles et métaux, 25 millions.

Et l'on peut évaluer aux sept huitièmes de ce total les provenances de l'Angleterre et de ses colonies.

L'exportation s'est composée surtout de :

Thés, pour 270 millions, représentés par 75 millions de kilogrammes ;

Soies, pour 120 millions, représentés par 2 millions et demi de kilogrammes.

Et les principaux pays sur lesquels cette exportation a été dirigée sont :

L'Angleterre et ses colonies, pour 60 millions de kilogrammes de thé et 20,000 balles de soie ;

L'Amérique, pour 15 millions de kilogrammes de thé et 1,000 balles de soie ;

La France, pour 500,000 kilogrammes de thé et 20,000 balles de soie.

L'importation se fait à peu près entièrement par l'entremise des deux grandes places de Hong-Kong et de Shanghaï ; elle se répartit ensuite, partie entre les marchands chinois qui, désireux d'acheter de première main, viennent s'approvisionner sur ces places mêmes, et le reste entre les succursales qu'ont la plupart des grandes maisons dans un ou plusieurs des quatorze ports secondaires ouverts par le gouvernement chinois au commerce européen.

Quant à l'exportation, elle se fait plus directement de chacun des ports; ainsi, Foo-chow exporte annuellement 20 millions de kilogrammes de thé, et Amoy en expédie 2 millions de kilogrammes. Cependant Shanghaï sert encore beaucoup d'intermédiaire aux places du nord et du Yangtze-Kiang, et les produits de Canton et de Swatow passent presque tous par Hong-Kong.

Pour celui qui, comme moi, étudie surtout la Chine commerciale au point de vue français, il est, je crois, inutile d'entrer dans plus de détails au sujet des ports secondaires. Ce n'est pas de ce côté-là qu'est l'avenir pour nous, car il est à remarquer que, pour tout le commerce côtier et pour celui des rives du Yangtze-Kiang, les négociants chinois nous opposent une concurrence de plus en plus prédominante, grâce au peu de frais qu'ils ont en comparaison des nôtres. Je ne m'occuperai donc, monsieur le Ministre, que de Hong-Kong et de Shanghaï; j'examinerai leur importance relative, je dirai par quelles nations le commerce y est conduit, enfin je rechercherai la part que la France pourrait et devrait y prendre.

I. — HONG-KONG.

Hong-Kong se distingue tout d'abord des autres places commerciales des mers de Chine en ce qu'elle n'est ni territoire chinois, ni située sur le continent; c'est une colonie anglaise et une petite île improductive, qui ne peut prospérer que comme lieu de transit et d'entrepôt. Les Anglais ont parfaitement compris la manière dont il fallait en tirer parti : ils en ont fait un port franc, où marchandises et produits entrent et sortent sans avoir de compte à rendre à personne. C'est là même, soit dit en passant, un grand inconvénient pour celui qui veut étudier le mouvement d'affaires de cette place et qui ne trouve, pour se guider, ni rapports de douane ni documents publics d'aucune espèce.

Ce port franc reçoit de l'Europe, de l'Inde, de Batavia, de Manille, de Saïgon, toutes sortes de produits qu'il répartit entre les diverses succursales qu'ont plusieurs des grandes maisons dans les ports de la côte, ou qu'il vend à des acheteurs chinois qui se chargent à leur tour de les répandre dans leur pays, soit d'une façon régulière en passant par les douanes du Céleste Empire, soit d'une manière plus lucrative en employant quelquefois la contrebande.

On peut estimer les principaux articles d'importation qui passent pas les mains des maisons de Hong-Kong, à :

160 millions de francs d'opium;

40 millions de cotonnades, représentés par
50 millions de mètres ;

40 millions de cotons bruts ;

25 millions de riz.

Quant à l'exportation, elle est nulle de la colonie elle-même et elle se réduit à des réexportations de Canton et de quelques petits ports de la côte.

Ces chiffres, ceux surtout qui ont rapport aux produits manufacturés, ne justifient pas, à première vue, la grande renommée de la colonie anglaise, et son importance consiste, en effet, moins dans la valeur de ses affaires directes que dans l'influence qu'elle exerce autour d'elle. Ce qui met Hong-Kong si haut, c'est son beau port, placé exactement sur la route des navires qui, de l'Europe ou des Indes, se rendent sur n'importe quel point de la Chine et du Japon ; c'est son heureuse situation, qui en a fait naturellement la tête de ligne de tous les services postaux ; c'est enfin son avantage d'être sous l'égide libérale de l'Angleterre. Tous ces priviléges ont eu pour résultat d'y attirer les agences principales des banques et les chefs de presque toutes les maisons de commerce qui, recevant ici de première main les nouvelles d'Europe et des Indes, transmettent alors leurs instructions aux différents correspondants qu'ils ont sur la côte.

Mais cette position particulière, qui fait en quelque sorte de Hong-Kong le chef de file des autres ports de la Chine, a ses inconvénients aussi. Quand les affaires d'une place se traduisent par un mouvement régulier de marchandises ou de produits, l'occupation matérielle qui en résulte toujours plus ou moins pour le négociant sert de frein à son activité; à Hong-Kong, au contraire, comme il ne s'agit en beaucoup d'occasions que de donner des ordres à ses correspondants, on se laisse souvent entraîner par le peu de peine que cela coûte et on est très-enclin à dépasser les bornes de la prudence.

On peut aussi se demander si l'un des grands éléments de la prospérité de Hong-Kong, la rapidité de ses communications, ne recevra pas bientôt quelque échec par l'établissement, non encore décidé, mais certain tôt ou tard, d'une ligne télégraphique reliant l'Europe avec tous les ports de la Chine.

II. — SHANGHAÏ.

Quand, après avoir quitté Hong-Kong, on débarque à Shanghaï, on est frappé de l'activité qu'offre, sur ses quais, le mouvement des marchandises et des produits. C'est qu'en effet Shanghaï est admirablement placée à l'embouchure de l'immense et fertile vallée du Yangtze-Kiang et à portée des plus riches provinces de la Chine. C'est à la fois un marché d'importation et d'exportation, et les quelques chiffres suivants en feront apprécier d'un seul coup d'œil toute l'importance :

L'importation totale de 1867 s'est élevée, pour Shanghaï, à 350 millions de francs, sur lesquels on peut citer surtout :

150 millions d'opium ;

80 millions de cotonnades, représentés par 140 millions de mètres ;

50 millions de lainages.

Et les principales exportations se sont chiffrées à :

100 millions de soie (30,000 balles) ;

90 millions de thé (25 millions de kilogrammes).

En outre, son avenir se montre sous de brillantes couleurs ; les affaires ne pourront qu'y augmenter à mesure que les ports du Yangtze-Kiang et tout particulièrement Hankow feront pénétrer les produits européens plus avant dans l'intérieur de l'empire chinois. Je crois donc pouvoir dire que, de toutes les places commerciales des mers de Chine, Shanghaï est certainement celle qui offre le plus de ressources et que je recommanderais le plus.

III. — ENTRE LES MAINS DE QUELLES NATIONS SE TROUVE LE COMMERCE EXTÉRIEUR DE LA CHINE ET QUELLE PART LES NÉGOCIANTS FRANÇAIS POURRAIENT Y PRENDRE.

J'ai dit, au commencement de mon rapport, que les sept huitièmes du commerce extérieur de la Chine se faisaient avec l'Angleterre ou avec ses colonies ; il n'en faudrait pas conclure toutefois que ce commerce soit exclusivement entre les mains des maisons anglaises ; les Américains, les Allemands et les Suisses leur font une concurrence qui s'accroît chaque année. En dehors des affaires d'opium, qui sont presque entièrement du domaine des maisons natives de l'Inde et de quelques gros banquiers juifs, on peut estimer aux trois cinquièmes la part des négociants anglais et aux deux cinquièmes celle des autres nations.

Il était de mode autrefois d'avoir en Chine des maisons colossales, ayant des succursales partout, faisant des affaires énormes et rehaussant leur crédit par de folles dépenses d'installation et de train de vie. Les crises de ces dernières années et la triste figure qu'y ont faite quelques-unes des grosses maisons anglaises ont guéri les banques de leur enthousiasme pour elles, en même

temps que la multiplicité des communications est
venue permettre aux entreprises plus modestes de
réclamer leur place. Les Allemands et les Suisses
en ont profité largement, et ce sont eux qui font
peut-être les affaires les plus régulières et les plus
sûres. Quant aux Américains, ils jouent ici un rôle
de plus en plus important, et ils se font surtout
remarquer par leur esprit d'entreprise dans la
création de lignes de bateaux à vapeur sur le
Yangtze-Kiang et le long des côtes.

Pour ce qui est de la France, elle est représentée
en Chine par les Messageries impériales pour la
navigation, et par le Comptoir d'escompte pour la
banque, et je suis heureux de pouvoir dire que
ces deux compagnies font honneur et même très-
grand honneur à notre patrie; mais je regrette par
contre , et j'ai même honte d'avoir à écrire que
notre commerce n'a pas un seul représentant
dans toute l'étendue de ce vaste pays, qui pourtant
est le plus grand producteur de la matière première nécessaire à notre industrie nationale par
excellence, la soie.

Je me souviens d'avoir été frappé d'étonnement
lorsqu'il y a quelques années j'appris que les soies
de Chine consommées par Lyon traversaient souvent Marseille pour aller d'abord à Londres et revenir ensuite sur leurs pas. Cette anomalie, bien

extraordinaire dans un siècle comme le nôtre, a beaucoup diminué ces derniers temps; mais n'est-il pas fâcheux que ceux de nos marchands de soie qui veulent faire des achats directs aient encore à envoyer leurs ordres à des étrangers, à Shanghaï, et que même une maison anglaise ait dû établir dernièrement à Lyon une succursale de sa maison de Chine?

Ainsi, tandis que les Allemands, les Suisses et les Américains font aux Anglais une concurrence de plus en plus accentuée pour des produits qui s'achètent ou se vendent en Angleterre même, nous Français, nous ne renonçons pas seulement à en faire autant, mais encore nous laissons aux autres nations le profit des approvisionnements de la France. Cela ne doit évidemment pas durer indéfiniment, et j'espère bien que la jeunesse française finira par le comprendre.

IV. — CONCLUSION.

Je ne me suis occupé, dans les lignes qui précèdent, que de la question commerciale; il semble toutefois que la Chine doive, avant longtemps, offrir de l'intérêt aussi sous d'autres rapports. Ce vaste empire possède en effet tous les éléments de la richesse industrielle : de belles mines encore

délaissées et une population active, intelligente,
ardente au travail. Le gouvernement chinois s'oppose malheureusement jusqu'ici à la mise en exploitation de ces mines ; peut-être le renouvelle-
ment tout prochain du traité anglais sera-t-il
l'occasion d'un progrès dans ce sens ; en tous cas
on ne peut s'empêcher de déplorer qu'un si beau
pays et une population si laborieuse soient entra-
vés par un gouvernement aussi arriéré, aussi corrompu que celui dont les nations européennes ont
cru devoir, il y a quelques années, retarder la
chute, très-probable néanmoins dans un temps
plus ou moins rapproché.

J'ai l'honneur d'être, etc.

Hankow, 12 mai 1868.

RAPPORT

SUR LE JAPON.

———

MONSIEUR LE MINISTRE,

Ce n'est pas sans hésiter un peu que j'entreprends de vous faire un rapport sur le Japon : nous avons, en effet, tant de choses à apprendre encore sur ce pays, et nous sommes si peu fixés sur ses conditions économiques, sociales et politiques, que, jusqu'à présent, nous ne pouvons donner le résultat de nos observations que comme des probabilités et nullement sous forme d'affirmations. Je vous prie donc, monsieur le Ministre, de prendre dans ce sens le travail que j'ai l'honneur de vous adresser aujourd'hui et de le considérer seulement comme mon appréciation particulière en l'absence de tout renseignement officiel.

Le Japon ne s'est ouvert au commerce européen

qu'en 1859, après deux siècles et demi d'un isole-
ment complet ou à peu près, puisque la permission
accordée aux Hollandais de trafiquer dans la petite
colonie de Décima se réduisait, en somme, à fort
peu de chose. Nos négociants ont été admis
d'abord dans les trois ports de Nagasaki, de Yokohama et de Hakodadi ; puis on y a ajouté, le 1er janvier dernier, Hiogo et Osacca ; enfin Yedo et Neegata le seront plus ou moins prochainement, selon
la tournure que prendra la guerre civile actuelle
entre les princes du Nord et ceux du Sud. Tout le
reste du territoire nous est encore fermé, et si,
dans ces derniers temps, les Japonais se sont passablement relâchés de leur jalousie et ont permis
à quelques touristes et à quelques militaires de pénétrer dans les provinces, cette faveur est encore
interdite à notre commerce.

De tous les points que je viens de citer, il en est
deux seulement que je n'ai pas visités : ce sont
Neegata et Hakodadi ; le premier se trouve être
pour le moment un des siéges de la guerre, et le
second, situé dans l'île d'Yézo, n'a qu'une importance médiocre, restreinte surtout au commerce
des varechs alimentaires (*seaweed*) avec la Chine.
Je ne parlerai donc que des autres ports ; j'examinerai successivement l'importance actuelle et l'avenir de chacun d'eux, et je terminerai par un coup

d'œil d'ensemble sur le Japon et sur la place que les négociants français pourraient y prendre.

I. — NAGASAKI.

La ville de Nagasaki a attiré l'une des premières l'attention des Européens. C'était d'abord le nom le plus connu, à cause de la factorerie hollandaise de Décima ; c'est ensuite le point le plus rapproché de la Chine et un port de toute beauté ; c'était enfin, avant la révolution politique qui vient de renverser le taïkounat, l'endroit que les princes du Sud préféraient pour leurs affaires extérieures, parce qu'ils s'y sentaient moins surveillés.

Cette importance relative n'a pas duré. Les affaires se sont bientôt concentrées à Yokohama, où les banques sont toutes allées s'établir, et, tout récemment, l'ouverture de Hiogo et d'Osacca, en attirant dans ces ports une partie des affaires qui se dirigeaient encore sur Nagasaki, est venue porter un nouveau coup au rang qu'elle occupait dans les premiers temps.

Je ne veux pas dire que Nagasaki doive tomber entièrement ; elle conservera toujours l'exportation de 3 ou 4 millions de livres de thé, d'une certaine quantité de camphre et de cire végétale, elle approvisionnera de nos produits manufacturés toute

22

l'île de Kiousiou, enfin son port admirable sera
fréquenté pendant longtemps encore par une portion de la navigation de ces mers-ci. Mais ce n'est
plus une ville d'avenir, et ce n'est pas de ce côté
que je conseillerais à nos jeunes gens de se porter,
surtout quand les Japonais cesseront, un beau
jour, d'acheter les nombreuses armes de guerre et
les steamers dont le commerce a formé, depuis
plusieurs années, le plus clair de ses bénéfices.

II. — YOKOHAMA ET YÉDO.

La concession de Yokohama n'a rien de séduisant à première vue ; c'est un ancien marais que
les Japonais ont comblé, tant bien que mal, pour
nous, et la baie qui le précède n'offre aucun avantage spécial pour le chargement et le déchargement
des navires. C'est cependant là que s'est formé le
grand centre européen du Japon et qu'il se traite
dès maintenant un commerce annuel de plus de
100 millions de francs, moitié en importations,
moitié en exportations.

Les principaux produits que nous y achetons
sont :

Les soies brutes pour 35 à 40 millions ;

Les graines de vers à soie, 15 à 25 millions ;

Les thés, 10 millions.

Les principaux articles que nous y vendons sont :

Les cotons filés, tissés et imprimés, pour 20 millions ;

Les étoffes de laine ou de laine et coton mélangés, 15 millions ;

Les armes et bateaux à vapeur, 12 millions.

Il faut y ajouter aussi une certaine quantité de sucre venant de Chine (environ 3 millions de francs), de vins et liqueurs (1 million de francs), et de temps en temps des riz de Hong-Kong et de Saïgon, et des cotons de Chine.

Les affaires d'exportation s'y font d'une façon régulière et très-satisfaisante ; les importations, au contraire, ne sont pas encore bien stables, nous ne connaissons pas encore assez les goûts et, pour dire le mot, les modes du Japon, et, à l'exception des filés de coton et des shirtings anglais, qui sont déjà considérés ici comme matières premières, la demande, pour les articles de fantaisie, cotons imprimés, pure laine ou laine et coton, a été des plus variables d'une année à l'autre.

La grande ville de Yédo, qui va être ouverte prochainement à nos négociants, n'est distante de Yokohama que de 6 ou 7 lieues ; elle a eu, dit-on, jusqu'à 2 millions d'habitants dans les beaux temps du taïkounat, mais ce chiffre s'est restreint d'année en année depuis notre arrivée et il est tombé maintenant au-dessous d'un million. La ruine de la maison de Tokungawa et la fermeture des palais de presque tous les princes ont donné à l'ancienne capitale un air de tristesse et de mort, et il est grandement à désirer que le mikado mette à exécution le projet qu'il annonce d'y transporter sa résidence.

La concession que l'on nous y prépare est fort bien située sur le bord de la baie, à l'embouchure de la grande rivière d'Ogawa. Elle servira certainement à développer nos rapports avec le Japon, mais je ne pense pas qu'elle porte atteinte à Yokohoma, pas plus que ne le feront Hiogo et Osacca. Ces deux derniers ports lui enlèveront probablement son commerce de thé et exporteront peut-être un peu de soie, mais Yokohama restera toujours le grand entrepôt des districts séricicoles de Maybash et d'Oshiou, qui forment en définitive l'immense majorité de la production japonaise. Je crois donc qu'au lieu de se nuire les uns aux autres, tous ces ports ne feront qu'augmenter d'importance chacun de son côté,

III. — OSACCA ET HIOGO.

Osacca et Hiogo sont deux villes voisines, situées à une dizaine de lieues l'une de l'autre, au fond de la mer Intérieure. On ne comprend pas très-bien pourquoi nos agents diplomatiques ont demandé l'ouverture simultanée de ces deux places, car les inconvénients qui en résultent l'emportent de beaucoup sur les avantages que l'on prétend y trouver. On dit que le port d'Osacca est moins bon que celui de Hiogo, mais on peut répondre à cela que, dans chacun d'eux, les navires ne peuvent pas aborder à quai et sont obligés de se tenir en rade, et qu'en attendant la construction d'un chemin de fer dans un temps plus ou moins éloigné, les produits qui viennent s'embarquer à Hiogo traversent encore tous la barre si décriée de la rivière d'Osacca.

Quoi qu'il en soit, les deux concessions existent, et comme, à peine ouvertes, elles se peuplent déjà de nombreux négociants qui, tout en se plaignant hautement de la double dépense, établissent leurs comptoirs dans les deux villes en même temps, il est à peu près certain qu'elles se développeront simultanément. Hiogo ou plutôt Kobé (car c'est là le nom de la concession) restera le port de chargement et de déchargement; Osacca, la grande ville des banquiers et des marchands japonais, sera le centre des affaires, avec son million d'habitants, son voisinage de la ville industrielle en même temps que sacrée de

Kioto, avec enfin sa belle position au cœur de Nipon.

Kobé et Osacca se présentent à notre commerce sous les meilleurs auspices, surtout pour nos produits manufacturés dont elles deviendront, je crois, les grands entrepôts du Japon; elles méritent donc, au plus haut point, l'attention des Européens.

IV. — COUP D'ŒIL D'ENSEMBLE SUR LES RAPPORTS COMMERCIAUX DE L'EUROPE AVEC LE JAPON.

Les relations commerciales de l'Europe avec le Japon sont loin d'avoir l'importance de celles que nous avons avec la Chine et les Indes, mais, toute proportion gardée entre les 30 ou 40 millions de Japonais, les 200 millions d'Hindous et les 3 ou 400 millions de Chinois, il y a lieu d'être non-seulement satisfait mais encore étonné des progrès considérables que nous y avons faits dans le court espace de dix années.

Les Japonais sont, de tous les Orientaux, ceux qui s'habituent le plus rapidement à notre civilisation et à ses besoins, et qui prennent le plus facilement goût à tous les produits de notre industrie. Il y a donc là, pour le commerce européen, les éléments les plus encourageants; nous avons

déjà réussi à leur vendre des quantités considérables d'articles de coton et de laine, de bateaux à
vapeur et surtout de fusils, à leur acheter en
échange beaucoup de soies, de thés et d'autres produits. Nous pourrons non-seulement développer
toutes ces branches d'affaires, à l'exception, je
l'espère, du commerce des fusils, mais encore il
nous reste à créer de nouvelles sources d'échanges.

Il est en effet deux sortes d'entreprises que le
Japon finira forcément par confier un jour aux
Européens : je veux parler de l'exploitation de ses
mines et de l'établissement des chemins de fer.
S'il faut en croire le bruit public, un peu exagéré
sans doute, mais qui est néanmoins basé sur quelque chose de vrai, il y aurait au Japon de superbes
mines d'or, d'argent, de cuivre et de charbon,
très-mal exploitées encore et qui donneraient de
fort bons résultats sous la direction d'ingénieurs
entendus. Ensuite les chemins de fer captiveront
aussi, et cela prochainement, l'imagination japonaise, et il y aura des lignes productives à établir,
celles, par exemple, de Hiogo à Osacca et Kioto, ou
de Yokohama à Yédo, et peut-être de Kioto à
Yédo.

V. — DU RÔLE QUE LES NÉGOCIANTS FRANÇAIS
POURRAIENT PRENDRE AU JAPON.

Le Japon est de tous les pays de l'Orient celui
où le commerce extérieur se répartit le plus également entre les différentes nations de l'Europe.
Les Anglais y tiennent le premier rang si l'on
considère chaque peuple séparément, mais ils sont
loin d'avoir la prépondérance si on les compare
avec la réunion des Français, des Allemands, des
Suisses, des Hollandais et des Américains.

Les Français particulièrement sont beaucoup
plus nombreux ici que dans aucun autre des pays
orientaux, et l'on compte plusieurs bonnes maisons françaises à Yokohama. Il y a néanmoins
place encore pour nos nationaux, et, pour ne citer
qu'un seul produit, nous n'importons pas encore
directement toutes les soies japonaises que con-
somme notre industrie.

Je ne veux pas dire que ce soit le pays où il y
ait la plus belle place pour ceux de nos jeunes
gens qui désirent faire fortune à l'étranger ; ce sont
les Indes et la Chine que je mettrais en première
ligne, et de beaucoup. Le Japon est en effet un
trop petit pays, et son peuple méprise trop, jusqu'à
présent, le commerce et l'argent ; mais il a en sa

faveur bien des avantages qui y attireront particulièrement nos compatriotes, il a un climat délicieux, une nature d'une beauté enchanteresse, il
a enfin le charme de ses habitants, que je nommerais volontiers les Français de l'Orient.

J'ai l'honneur, etc.

Yokohama, 24 octobre 1868.

RAPPORT

SUR LA MEILLEURE MANIÈRE
DE DÉVELOPPER LE COMMERCE FRANÇAIS
DANS L'EXTRÊME ORIENT.

MONSIEUR LE MINISTRE,

Le commerce que l'Inde, la Chine et le Japon font avec l'Europe et avec ses colonies s'est élevé en 1867, importations et exportations réunies, au chiffre de 3 milliards et demi de francs. C'est plus du double de ce qu'il était il y a dix ans à peine; et quand on songe que ce commerce s'adresse à quelque chose comme 600 millions d'habitants, on peut dire sans aucune exagération que, outre son importance actuelle, il est encore susceptible d'un accroissement rapide et considérable. Il y a donc là une source de richesse des plus fécondes pour les pays qui président à cet

immense échange, et, aujourd'hui que les capitaux d'une nation deviennent de plus en plus une
des conditions premières de sa force et du rang
qu'elle occupe dans le monde, l'extrême Orient
mérite au plus haut point l'attention des gouvernements européens.

Je me propose, dans le rapport que j'ai l'honneur de vous présenter aujourd'hui, monsieur le
Ministre, d'examiner successivement si la France
participe comme elle le devrait à ce mouvement
commercial, et quels seraient les meilleurs moyens
à employer pour que notre pays y occupât le rang
qui lui revient. Je ferai de chacune de ces deux
questions l'objet d'un paragraphe spécial.

I. — DU RÔLE COMMERCIAL QUE JOUENT
LES PRINCIPALES NATIONS EUROPÉENNES DANS
L'EXTRÊME ORIENT
ET DE LA POSITION QUE LA FRANCE POURRAIT
ET DEVRAIT Y PRENDRE.

Le commerce extérieur de l'Orient doit être envisagé de deux manières : il faut voir d'abord
quels sont les pays qui reçoivent ses produits et
lui fournissent les marchandises dont il a besoin ;
il faut rechercher ensuite par quels négociants
ces affaires sont faites.

Au premier point de vue, l'avantage est exclusivement en faveur de l'Angleterre ; c'est elle qui fournit presque tous les articles manufacturés que nous demandent les Orientaux, et c'est elle qui reçoit en échange la majeure partie des produits de leur sol. La France et l'Allemagne n'importent encore directement dans leurs ports qu'une portion des matières premières nécessaires à leur industrie, et elles vont encore compléter leurs approvisionnements dans les entrepôts de Liverpool et de Londres, quelque singulière que soit de nos jours une pareille anomalie. Quant aux articles manufacturés exportés par l'Europe, la France n'y contribue pour ainsi dire pas, et si l'Allemagne et la Suisse font de notables progrès depuis quelques années, elles sont très-loin encore de pouvoir entrer en comparaison avec l'Angleterre. Les autres nations européennes n'ont pas avec l'Inde, la Chine et la Japon, de commerce digne d'être cité, et l'Amérique se contente d'en importer les matières premières dont elle a strictement besoin, et, sauf quelques produits de la Californie, elle n'y exporte rien. Ainsi donc à l'Angleterre le premier rang, et cela dans une proportion écrasante, pour l'importation des matières premières et l'exportation des produits manufacturés.

Il n'en est plus tout à fait de même au point de

vue de la nationalité des négociants qui président à ce commerce. Les Anglais y sont encore, il est vrai, au premier rang, mais ils n'y ont plus la prépondérance exclusive. Il était de mode autrefois d'avoir en Orient des maisons colossales qui, s'appuyant sur de grands capitaux et sur d'anciennes et fidèles relations, prenaient les affaires de très-haut, faisaient d'énormes opérations pour leur propre compte et semblaient mépriser même les bénéfices plus modestes, mais plus sûrs et plus réguliers, d'un commerce de commission pour compte d'amis. Les Anglais avaient alors une sorte de monopole, car ces affaires hardies, larges, excitantes, convenaient surtout à leur caractère entreprenant, entier, aimant s'occuper de lui-même et se livrer à de grandes combinaisons, plutôt que d'avoir à suivre jusque dans leurs détails les instructions de commettants dont il aurait fallu rechercher en même temps les bonnes grâces.

Ces conditions ont changé depuis quelques années; des banques nombreuses et puissantes, agglomérations énormes de capitaux, sont venues faciliter les affaires à tout le monde et permettre aux fortunes modestes, appuyées sur le travail, de concourir avec les maisons plus riches et d'ordinaire moins actives. Quant aux anciennes relations, elle sont battues en brèche chaque jour par l'accroissement des moyens de communication, par les chemins de fer et les bateaux à vapeur qui rapprochent les personnes, par le télégraphe qui, à toute heure et à tout instant, oppose les offres du concurrent à celles de l'ancien ami. Et du reste ces relations, restreintes autrefois à peu de monde, se perdent maintenant dans le nombre chaque année plus considérable des négociants et des chefs d'industrie que la vapeur et l'électricité en-gagent à se mettre en rapports directs avec les pays lointains. Il n'est plus question aujourd'hui de monopole, d'aristocratie de capitaux ; le com-merce de l'Orient devient de plus en plus démo-cratique, chacun peut en prendre sa petite part et la porte est ouverte maintenant à tout le monde.

Les Allemands et les Suisses ont profité large-ment de ce nouvel état de choses : plus actifs, plus travailleurs, suivant leurs affaires de plus près que les Anglais, ils ne se sont pas contentés de s'oc-cuper des affaires relativement peu importantes encore, quoique toujours croissantes, de leur propre pays, mais ils se sont immiscés de plus en plus dans le commerce des Anglais et ils sont arrivés à leur faire, sur leur propre terrain, une concurrence qui augmente chaque jour.

Les Français, j'ai le regret de le dire, sont loin d'en avoir fait autant, non-seulement il n'est pas

question pour eux de prendre part aux affaires
anglaises proprement dites, ni même à celles du
continent européen, auxquelles cependant pourrait donner droit la situation de la France, si
admirablement appuyée sur l'Océan et sur la
Méditerranée et relativement si rapprochée de
l'extrême Orient par les compagnies de steamers
qui ont toutes fait de Marseille leur tête de ligne;
mais encore les Français ne font aux Indes, en
Chine et au Japon, qu'une portion des affaires de
leur propre pays.

Et je ne parle là que des matières premières dont
notre industrie a un besoin immédiat; pour être
tout à fait pratique et pour éviter toute apparence
d'illusions, je laisse momentanément de côté l'exportation que la France arriverait peut-être aussi,
une fois ou l'autre, à faire dans les pays orientaux,
si des relations plus fréquentes la mettaient mieux
au courant de leurs besoins. Ce commerce d'exportation est réduit jusqu'ici à quelques vins et
liqueurs, à quelques lainages et à des objets de
mercerie; il ne pourra, je crois, se développer
qu'en tout dernier lieu, lorsque les progrès amenés
par notre traité de commerce avec l'Angleterre
auront eu le temps de se faire sentir dans toutes les
branches de notre industrie, lorsque nos manu-
facturiers, connaissant mieux les goûts et les usages

des pays lointains, se décideront à faire des marchandises adaptées à leurs besoins et à sacrifier
un peu la qualité pour arriver au bon marché, de
même qu'à se conformer à certaines mesures in-
dispensables de longueur et de largeur.

Quoi qu'il en soit, et ne considérant pour le
moment que l'importation des matières premières,
je n'hésite pas à dire que la France ne doit pas se
contenter du rôle misérable que son commerce
joue jusqu'à présent dans l'extrême Orient, qu'elle
a, au contraire, une très-belle place à y prendre, et
je vais examiner maintenant la meilleure manière
d'y arriver.

II. — DES MEILLEURS MOYENS A EMPLOYER POUR QUE LE COMMERCE FRANÇAIS ARRIVE A OCCUPER LE RANG QUI LUI REVIENT DANS L'EXTRÊME ORIENT.

Pourquoi la France profite-t-elle si peu des magnifiques ressources que présentent les pays lointains?
Serait-ce que nos négociants, pris individuelle-
ment, soient inférieurs à ceux des autres nations?
Nullement ! Nous sommes aussi intelligents que
n'importe qui, nous sommes plus travailleurs,
plus soigneux et plus prudents que les Anglais, et
les quelques maisons françaises que nous avons

dans l'Inde et au Japon soutiennent dignement
toute comparaison. Ce qui nous manque, c'est
d'abord que nos jeunes gens ne savent pas ce qui
se passe à l'étranger, c'est ensuite que la manière
dont ils ont été élevés leur rend difficile de s'expatrier dans de bonnes conditions.

J'ai entendu expliquer d'une manière très-com-
mode pour notre amour-propre cette indifférence
que montre la France à l'égard des pays étrangers :
nous croyons avoir tout dit quand nous prétendons
que nous aimons trop notre patrie pour pouvoir
la quitter. Mais s'imagine-t-on que les Anglais, que
les Allemands, que les Suisses qui sont établis
dans l'Inde, dans la Chine et au Japon, oublient
pour cela leur patrie ? Croit-on qu'aucun d'eux s'y
fixe pour toujours et ne les voit-on pas tous se
réjouir du moment où ils rentreront dans leurs
foyers ? Seulement, plutôt que de passer chez eux
une existence la plupart du temps médiocre, ils
préfèrent s'expatrier pendant quelques années et
avoir ainsi de grandes chances de se trouver à leur
retour dans une position meilleure. On me per-
suadera difficilement qu'en France on ne trouve-
rait pas bien des gens qui en feraient volontiers
autant, s'ils y avaient été préparés par leur éducation première.

Non ! la faute en est à l'instruction que l'on

23

donne à la jeunesse française, et qui n'est pas en rapport avec les besoins modernes. Excellente peut-être pour un petit nombre de nos compatriotes, elle ne vaut rien pour les autres ; nous avons trop de littérateurs, trop d'avocats, trop de candidats à tous les emplois du gouvernement, nous ne formons pas assez de gens pratiques, d'une éducation moins brillante, mais plus positive. Nous connaissons à fond la mythologie grecque et nous ne savons que peu de chose en fait de géographie moderne ; nous épelons, assez difficilement il est vrai, le grec, et beaucoup d'entre nous lisent le latin, mais quels sont ceux de nos écoliers qui parlent l'anglais ou l'allemand ? Or, pour être à même de chercher fortune dans les pays lointains, soit en allant s'y établir de prime abord en grand négociant, avec des capitaux, soit en suivant la voie qu'emploient plus habituellement les Suisses et les Allemands, et qui consiste à entrer d'abord comme employé dans une maison étrangère et à y faire son chemin par son zèle et par son travail, il faut avant tout savoir la langue des affaires, l'anglais; il faut ensuite connaître jusqu'à un certain point les usages commerciaux des pays que l'on a en vue.

C'est cette lacune dans l'instruction française que je regarde, monsieur le Ministre, comme l'une

des raisons les plus graves de l'infériorité de notre
commerce à l'étranger. Nous avons des écoles supérieures pour l'armée, pour la marine, pour les
mines, pour les ponts et chaussées, pour l'industrie même ; pourquoi n'en avons-nous pas pour le
commerce ? On dirait que chez nous on en est encore à penser que le commerce est si peu de chose
qu'il n'est besoin d'y préparer personne, et qu'il
lui suffira toujours des fruits secs des autres pro-
fessions. L'expérience des dernières années et le
rang qu'ont pris dans le monde les nations où il
est le plus en honneur devraient, cependant finir
par modifier ces idées d'autrefois et par faire
comprendre qu'au contraire c'est surtout dans les
affaires que les hommes instruits et capables trouvent aujourd'hui le champ le plus vaste pour l'emploi de leurs facultés.

Des écoles supérieures de commerce, prenant
vers l'âge de seize à dix- sept ans des jeunes gens
dont l'instruction première serait déjà faite, leur
enseignant pendant deux années les langues vivantes, la géographie commerciale complète, la
tenue des livres aussi bien de l'Angleterre que de
la France, les mettant au courant des usages et
des ressources des différents pays, leur donnant
quelques notions d'économie politique et de droit,
auraient, j'en suis persuadé, les meilleurs résul-

tats. Ne serait-ce pas le cas d'instituer quelque chose de semblable dans nos principaux ports de mer ?

Le gouvernement de l'Empereur a fait beaucoup déjà pour pousser au développement des affaires françaises à l'étranger. Le traité de commerce, l'extension des services maritimes des Messageries impériales, les subventions à la Compagnie trans-atlantique, enfin la création des agences du Comp-toir d'escompte, sont autant de preuves de sa sollicitude et de l'importance qu'il attache à cette question. J'applaudis de tout cœur à ce qui a été fait, car cela a été bien fait ; il ne reste plus qu'une chose à atteindre maintenant : il faut, après avoir organisé les cadres, arriver à les remplir, et cela ne peut se faire qu'en répandant l'instruction commerciale et en donnant par là le goût et la possibilité d'expansion à l'initiative individuelle.

J'ai l'honneur, etc.

San-Francisco, 25 novembre 1868.

TABLE DES MATIÈRES.

CHAPITRE X.

CHAPITRE XI.

CHAPITRE XII.

CHAPITRE XIII.

CHAPITRE XIV.

APPENDICE.

RAPPORTS AU MINISTRE DU COMMERCE.

PARIS.— J. CLAYE, IMPRIMEUR, 7, RUE SAINT-BENOIT. — [754]

IMPRIMERIE J. CLAYE
RUE SAINT BENOIT 7

LABOR

PARIS

www.ingramcontent.com/pod-product-compliance
Lightning Source LLC
Chambersburg PA
CBHW070305030726
47505CB00004B/912